제2의
천국,
조지아를
가다

초판 1쇄 인쇄 2020년 4월 17일
초판 1쇄 발행 2020년 4월 24일

지은이 허승철 · 루수단 피르츠칼라바
펴낸이 서덕일
펴낸곳 심포지아

출판등록 2014.12.24 (제2014-73호)
주소 경기도 파주시 회동길 366 (10881)
전화 (02)499-1281~2 **팩스** (02)499-1283
전자우편 info@moonyelim.com
홈페이지 www.moonyelim.com

ISBN 979-11-970108-0-4 (03910)
값 14,000원

이 책에 수록된 사진 40여 장의 사용을 허락해준 주한 조지아대사관과 조지아 관광청에 사의를 표합니다.
The authors and the publisher of this book convey gratitude to Georgian Embassy in Korea
and National Tourism Administration of Georgia for the permission of non-commercial use of
some forty photos in the book.

제2의
천국,

조지아를
가다

SYMPOSIA

머리말

존 스타인벡은 러시아 사람들의 말을 인용해 조지아를 제2의 천국이라고 부르고, 조지아를 가보지 못한 사람은 아직 세상을 보지 못한 것이나 마찬가지라고 말했다. 2006~2008년 우크라이나 대사로 근무하던 시절 갑자기 조지아를 겸임국으로 맡게 되어 조지아를 몇 번 다녀온 후 내마음에서 이 나라가 떠난 적이 없었다. 그 결과 지난 몇 년 간 국내에 조지아를 소개하는 책을 쓰는 것이 취미이자 임무처럼 되어 버렸다. 〈조지아의 역사〉, 〈호랑이 가죽을 두른 용사(쇼타 루스타벨리 作)〉, 〈코카서스 3국 문학 산책〉, 〈조지아어 기초 회화〉, 〈코카서스 3국의 역사와 문화〉를 출간한 뒤, 조지아를 찾는 한국 사람들이 인문적 관점에서 조지아의 자연, 역사, 문화, 풍습 등을 이해할 수 있는 책을 써야겠다는 생각을 하게 되었다.

이제 매년 2만 명 넘는 한국 사람들이 조지아를 찾지만, 이 유서 깊은 나라를 제대로 이해하지 못하고 풍광, 음식, 와인만 경험하고 돌아온다면 너무 아쉬운 일이다. 이미 나온 책과 중복되는 내용도 있지만, 조지아 이해에 핵심이 되는 내용을 부담 없이 읽을 수 있는 책으로 만들었다.

이 책에 들어갈 사진 몇 장을 요청했더니 본국 관광청에 요청하여 엄청난 양의 아름다운 사진을 제공해 준 오타르 베르제니쉬빌리(Otar Berdzenishvili) 주한 조지아대사와 관차 바르카야(Gvantia Barkaia) 참사관께 깊은 감사를 드린다. 연세대 박사과정에 재학 중인 루수단 피르츠칼라바 (Rusudan Pirtskhalava რუსუდან ფირცხალავა) 양은 〈조지아어 기초회화〉에 이어 이 책의 공저자로 조지아 각 지역과 음식문화 소개 부분 등을 집필하고, 조지아어 인명, 지명 표기를 일일이 바로잡아 주었다. 마지막 단계에서 원고의 오탈자를 바로 잡아준 윤창용 선생님과 최정현 박사에게도 감사의 뜻을 전한다.

끝으로 이 책을 출판한 문예림 출판사에게 깊이의 감사드리고, 조지아를 이미 다녀왔거나 앞으로 다녀올 분들 모두가 이 책에서 유용한 지식과 정보를 얻기를 희망한다.

2020년 4월 허 승 철

● 슈카라산과 엥구리 협곡 사이에 있는 작은 마을

Georgia

조지아
자연과 사람

● 카즈베기 산의 게르게티 수도원

조지아 자연과 지리

조지아는 뛰어난 경관을 자랑하는 나라이다. 최근 들어 매년 많은 수의 한국 사람들이 조지아를 찾아가는 이유도 여기에 있다. 남한의 2/3 정도 밖에 되지 않는 작은 땅에 자리 잡은 조지아이지만, 5천 미터가 넘는 절경의 고산준령과 깊은 계곡, 푸른 강과 수많은 광천과 온천이 국토에 산재해 있다. 19세기 중반 이 땅에 온 러시아 작가 레르몬토프는 조지아 땅을 본 첫 인상을 이렇게 적었다.

> 만년설에 뒤덮여
> 다이아몬드처럼 빛나는 카즈베기봉(峰)을 보라.
> 저 까마득한 아래 휘돌아가는 테레크 강이 감싸 안은
> 계곡에는 뱀들이 종족을 번식하고 있다.

🔵 카즈베기봉 🔵 테레크강

하나님도 포기하기 아까워한 땅

조지아인들이 자신들의 국토를 자랑스러워하는 것은 조지아 땅에 대한 전설에도 잘 드러난다. 전설에 따르면 하나님이 각 민족에게 땅을 분배할 때, 조지아인들은 하나님 앞에 나타나지 않았다. 이들은 연회와 풍악을 즐기고 와인을 마시느라 땅의 분배가 다 끝난 후에야 하나님 앞에 나타났다. 하나님은 모든 땅을 다 나누어주었기 때문에 조지아인들에게 줄 땅이 남아 있지 않다고 했다. 그러자 아직도 술에서 덜 깬 조지아인 대표는 모든 사람이 돌아가며 신을 위해 건배를 하다가 시간이 지체되었다고 설명하며 자비를 구했다. 그러자 하나님은 할 수 없이 자신이 살기 위해 남겨놓은 마지막 땅을 조지아인들에게 주었다.

*우크라이나에도 이와 유사한 전설이 있고, 뉴질랜드는 땅의 분배를 끝내고 자신이 살 땅을 가지고 가던 신이 실수로 바다에 떨어뜨린 땅이 뉴질랜드라는 전설이 있다고 한다. ✣

문학 작품에 묘사된 조지아 자연

구름과 같이 거대한 회색 연무 속에

무섭고도 장엄한

옐부르스의 쌍봉(雙峰)이 서 있다.

거기에는 모든 것이 찬란하게 빛난다.

이끼가 뭉친 폭포계곡으로

굉음을 내는 물줄기가

화강암 덩어리인 검은 심연으로 떨어지고,

억겁의 세월 동안 몸이 묶여 잠을 자는 동안,

바위를 부수는 어떤 도끼도, 사람의 어떤

쾌활한 목소리도 반란을 일으키지 못했다.

(중략)

그곳에서는 오직 창조의 위대함만이

눈에 들어온다!

"보예이코프에게 보내는 편지" 1814년

주콥스키, 바실리 안드례비치(러시아 고전주의 시인, 1793-1852년)

이탈리아와 조지아

유럽의 예술가들과 지식인들은 이탈리아를 여행하거나 이탈리아에서 살아 보는 것을 자신들의 예술, 학문 생애의 중요한 부분으로 여겼다. 러시아 지식인들이 이렇게 여긴 장소는 코카서스, 특히 조지아였다. 소련 시대 시인 티호노프는 이렇게 표현했다.

> "다른 나라들에게 아주 큰 의미를 가진 나라들이 있다... 이런 나라들은 예술가, 작가, 학자들에게 큰 영향을 미친다... 유럽 사람들의 의식에서 특별한 의미를 차지하는 이런 나라를 꼽으라면, 내 생각에 그것은 이탈리아다. 유럽의 모든 시인, 고전주의자들은 이탈리아를 방문했고, 하나같이 자신의 가슴의 특별한 재능을 이 나라에 남겼다. 러시아 시인들에게는 조지아가 우리의 이탈리아가 되었다."
>
> (허승철, 〈코카서스 3국 문학 산책〉, 서문에서 인용)

스위스와 조지아

조지아를 스위스와 비교하는 여행자가 많다. 스위스보다 덜 세련되고 인공적인 시설은 뒤떨어지지만, 사람의 때가 덜 묻고 자연의 신비를 훨씬 더 많이 간직한 곳이 조지아이다. 스위스에 요들송이 있다면, 조지아에는 다성 성악곡과 조지아 춤이 있다.

코카서스의
지리적 환경

　조지아, 아르메니아, 아제르바이잔이 위치한 지역은 통상 남코카서
스 또는 트랜스코카서스라고 불린다. 코카서스는 대(大)코카서스 산맥
을 경계로 북(北)코카서스와 남(南)코카서스로 나뉜다. 북코카서스에
는 다게스탄, 체첸, 북오세티아 등이 들어간다. 남코카서스에는 조지
아, 아르메니아, 아제르바이잔이 위치하고, 남오세티아, 압하지아, 나
고르노-카라바흐, 나히체반 같은 영토 분쟁 지역과 이란, 터키의 일부
지역이 들어간다. 러시아에서 바라보면 대코카서스 산맥 너머에 있는
지역이므로 '코카서스 너머 지역'이라는 의미의 '자카프카지예'로 불
렸고, 이것이 영어로 옮겨진 것이 '트랜스코카서스(Transcaucasus)'라는
명칭이다.(같은 책, 12)

　드왈(De Waal) 같은 학자는 코카서스를 "…사이의 땅(Lands between)"
이라고 불렀다. 즉 아시아와 유럽의 사이, 흑해와 카스피해 사이, 이슬
람 문명과 기독교 문명 사이, 동양과 서양의 사이, 인도양과 러시아 대

류 사이, 중동과 러시아 사이, 이란, 터키와 러시아 사이, 최근에는 민주주의와 독재정치 사이에 위치해 있다. 이러한 지리적 위치로 인해 코카서스는 수많은 외세의 침입과 정복을 받았다.

남코카서스는 북쪽으로는 러시아, 동쪽으로는 카스피해, 남쪽으로는 이란과 터키, 서쪽으로는 흑해와 경계하고 있다. 5,000미터에 이르는 대코카서스 산맥이 북쪽에서 찬 공기가 내려오는 것을 막아주고, 남코카서스와 이란 사이의 남쪽 경계에 있는 소(小)코카서스 산맥은 남쪽으로부터 불어오는 열풍과 모래바람을 막아주기 때문에 남코카서스 지역, 특히 조지아와 인근 지역은 사람이 거주하며 포도재배 등 농경 생활을 영위하기에 좋은 환경을 제공해 주었다.

● 아이바좁스키의 다랼 계곡 그림

고산준령 산악에서 내려오는 물로 인해 수자원도 풍부하다. 남코카서스 지역에는 약 2,500개의 크고 작은 강이 있으며, 풍부한 수자원을 이용하면 수력발전이 용이한데, 한국수력원자력에서 원조계획 사업으로 현재 조지아에 수력발전소를 건설 중이다. 조지아의 가장 큰 강은 리오니 강과 므트크바리 강이다. 이외에도 쿠반 강, 바크산 강, 테레크 강, 술라크 강, 아그라비 강이 코카서스 산맥에서 발원하여 흐른다. 200개가 넘는 빙하가 여러 강에 풍부한 수원이 되고 있다. 3월부터 녹는 고산의 눈은 7, 8월까지 계속 풍부한 수량을 제공한다. 연평균 기온은 16도이다.(같은 책)

한국과 코카서스 3국은 1992년 대사급 외교관계를 수립하였으며, 조지아는 2011년에 서울에 대사관을 설치하였으나, 우리나라는 조지아에 주아제르바이잔대사관이 관할하는 분관만 설치한 상태이다. 공관 설치 상호주의 원칙에 입각해서 조지아에 하루빨리 한국대사관이 설립되어야 한다. 조지아는 필자가 우크라이나, 조지아 대사로 재직하던 2007년 옛소련권 국가 중 우크라이나 다음 두 번 째로 한국민에게 무비자 입국을 허용했다. 무비자 제도 시행초기에는 파격적으로 연중 364일 무비자 체류를 허용해서 1년에 하루만 외국에 나갔다 오면 계속 체류할 수 있다. 이 혜택은 상호주의가 아닌 조지아 정부의 일방 조치로 시행된 것으로 한국민에 대한 특별한 배려로 볼 수 있다. 아시아에서 현재 이러한 무비자 방문 혜택을 받는 나라는 한국 외에 싱가포르, 일본 밖에 없다. 관광 시즌인 봄-가을까지 우리 국적기가 조지아 수도 트빌리시까지 직항 운항을 하고 있다. (같은 책, 28) ✽

● 코카서스 산악 지역의 아름다운 계곡

조지아의 고산과 동굴

- 슈카라(Shkara) 봉(峰)　　　– 해발 5,068미터
- 강가(Ganga) 봉　　　　　　– 해발 5,059미터
- 카즈베기(Kazbegi) 봉　　　– 해발 5,047미터
- 쇼타루스타벨리 봉　　　　– 해발 4,860미터

*이외에도 시(詩)에 자주 등장하는 코카서스 산맥 러시아 쪽에 솟은 옐브루스(Elbrus) 쌍봉은 서쪽 정상이 5,642미터, 동쪽 정상 5,621미터이로 유럽에서 가장 높은 봉우리들이다.

*대코카서스 산맥을 관통하는 통로로는 19세기에 개척된 '다랄 통로(Daryal Pass)'가 있고, 북오세티아와 남오세티아를 연결하는 로키 터널(Roki Tunnel)도 군사적 중요성이 크다.

세계에서 가장 깊은 동굴

강가산에는 세계에서 가장 깊은 동굴인 크루베라(Krubera) 동굴이 있다. 최근까지 알려진 깊이는 1,710미터였으나, 2004년 우크라이나 탐사대가 지하 2,000미터 이하를 탐색했고, 2005년 다른 팀이 더 깊이 내려가서 현재까지 확인된 깊이는 2,140미터이다.

조지아 광천수 보르조미

조지아에는 약 1,000개의 광천샘이 있고, 가장 유명한 것이 보르조미(Borjomi)이다. 옛소련 지역 고급 레스토랑에는 보르조미가 음료 메뉴에 빠지지 않고 등장한다.

필자는 러시아의 푸틴 대통령이 외국 국가 원수에게 자주 식사를 대접한 모스크바 노보제비치 사원 옆 조지아 식당을 가 본 적이 있다. 식당에는 토니 블레어 영국 수상, 클린턴 대통령, 미국 배우 리처드 기어 등이 주문한 음식을 그대로 실은 메뉴세트가 있는데, 세계 유명인사 모두가 식전 음료로 보르조미를 주문한 것을 발견했다. 위장병 치료에 효과가 있는 것으로 알려진 보르조미는 한국으로도 수출되고 있다. 와인과 함께 조지아의 주요 수출품인 보르조미는 2008년 러시아-조지아 전쟁 후 한때 러시아의 수입 금지 품목이 되기도 했다.

'코카서스'와 '카프카스'의 어원

그리스의 역사학자였던 플리니(Pliny)는 '코카서스'라는 명칭이 '눈에 덮인 하얀 빙하'를 뜻하는 스키타이어의 '크로이-카시스(kroy-khasis)'에서 나왔다고 주장했다. 고대 러시아인 루스의 초기 역사를 다룬 〈지나간 시절의 이야기(the Tale of Bygone Years)〉에 나오는 '카프카스의 산들(Kavkasijskyě gory, Кавкасийскыѣ горы)'이라는 표현에 쓰인 '카프카스'는 고대 그리스어의 '카우카소스(Kaukasos Καύκασος)'를 어원으로 한다. 이 단어는 후에 '카프카소스(Kafkasos)'로 변했다. 이 단어를 '갈매기들(καύ)의 산(κασος)'으로 해석하는 학자도 있지만, 이보다는 '높은 곳'을 뜻하는 고트어의 'Hauhs'나 '언덕' 또는 '산'을 뜻하는 리투아니아어의 'Kaūkas'에서 나왔다고 보는 것이 일반적이다. 따라서 발음도 영어식의 '코카서스'보다는 슬라브어나 발트어의 '카프카스'가 원어에 가깝다고 볼 수 있다.(같은 책, 13)

조지아 국기

조지아 국기는 일명 다섯 십자가 기라고
불리기도 한다. 중세 조지아 왕국에 사용되
었던 이 깃발은 1980년대 후반 조지아 민
족주의가 발흥하면서 다시 사용되었다. 공
식으로 국기로 채택된 것은 2004년이며 그

● 조지아 국기

이전에는 조지아 연합민족운동(United National Movement)과 장미 혁명
의 상징으로 사용되었다.

조지아 국가(National Anthem)

2004년 장미 혁명으로 친서방 정부가 들어선 후 국기와 함께 새로운
국가가 채택되었다. 조지아 작곡가가 자카리아 팔리아쉬빌리(Zakaria
Paliashvili)가 작곡한 오페라 "아베살롬과 에테리(Abesalom da Eteri)"및
"다이시(Daisi)"의 곡조를 요셉 케짜크마제(Ioseb Ketschakmadse)가 편곡

하여 국가로 만들었다. 국가의 명칭은 "자유"를 뜻하는 "타비수플레바(Tavisupleba)"이다.

가사의 영어 번역문은 아래와 같다.

Our icon is the homeland

Trust in God is our creed,

Enlightened land of plains and mounts,

Blessed by God and holy heaven.

The freedom we have learnt to follow

Makes our future spirits stronger,

Morning star will rise above us

And lightens up the land between the two seas.

Glory to long-cherished freedom,

Glory to liberty!

(https://en.wikipedia.org/wiki/Tavisupleba에서 인용)

*조지아 국가는 아래 youtube 사이트에서 들을 수 있다.

 www.youtube.com/watch?v=1GjxyFPJxEU

 www.youtube.com/watch?v=wxvkzbArNf4

국가 국장(National Emblem)

조지아의 국가(國章)은 성 게오르기 그림이 들어있는 붉은 방패를 사자 두 마리가 떠받치고 있는 모습니다. 방패의 위쪽에는 조지아 왕관이 그려져 있고, 아래쪽에는 므케드룰리 알파벳으로 쓰인 조지아의 국가 구호 "힘은 단합에서 나온다(Strength is in Unity / ძალა ერთობაშია)"가 쓰여 있다. ✳

◈ 조지아 국장

조지아 국가 개황

- 인 구 : 373만 명
- 수 도 : 트빌리시 (인구 116만 명) (위도 41° 41′ N, 경도 44° 50′ E)
- 면 적 : 69,700 제곱킬로미터 (남한의 2/3)
- 행정구역 : 1개 특별시, 9개 주, 1개 자치공화국으로 구성
- 방 위 : 위도 42° 00′ N, 경도 43° 30′ E
- 인구 구성 : 조지아인 - 86.8%, 아제르바이잔인 - 6.3%,
  아르메니아인 - 4.5%, 기타 - 2.3%

정치

- 정부형태 : 대통령제와 의원내각제 혼합 형태
- 대통령 : 임기 5년, 2회 연임 만 가능
- 의 회 : 단원제 (임기 4년, 150석)
- 주요 인사

  대통령 : 살로메 주라비시빌리 (2018.12.18 취임)

  총리 : 마무카 바타하제 (2018.6.20 취임)

경제   (2017년 기준)

- 국내총생산 : 152억 불
- 경제성장률 : 5.0%(2017년) 2.8%(2016년) 2.9%(2015년)
- 1인당 국민소득: 1인당 명목 GDP 4,067달러

  1인당 구매력 환산 GDP 10,700달러
- 산업구조: 농업 8.2%, 공업 23.7%, 서비스업 67.9%
- 물가상승률 : 6.7%
- 무역 : 수출 35억 불, 수입 74억 불

행정 구분

특별시인 수도 트빌리시와 9개 지방과 아자리아 자치공화국으로 구성되어 있다. 독립 당시 자치공화국이었던 압하지아와 남오세티아는 러시아의 지원을 받아 독립선언을 해서 조지아의 행정력이 미치지 못하는 상태이다.

- 9지방(괄호 안은 중심도시)

  구리아(오주르게티), 이메레티(쿠타이시), 카케티(텔라비),

  크레모-카르틀리(루스타비), 므츠케타-므티아네티(므츠케타),

  라차-레츠쿠미 크베모-스바네티(암브롤라우리),

  사메그렐로-제모 스바네티(주그디디),

  삼츠케-자바케티(아칼찌케), 시다 카르틀리(고리)

한국-조지아 관계

- 수교일자 : 1992.12.14.

  * 현재 조지아는 주아제르바이잔 대사 겸임국이며 트빌리시에는 대사관 분관이 있음.

- 수출입 현황 및 주요 품목(2017)

  수출 : 81,145천 달러(자동차, 철강, 기계)

  수입 : 17,450천 달러

- 투자 및 기업진출 현황(2017)

  투자액(예정) : 10억 7천만 달러(k-water의 수력발전소 건설)

조지아
사람들과 국민성

국민성

조지아 사람들의 특성으로 성품이 따뜻하고 자존심이 강하고 관용적이며, 자신의 의견을 적극적으로 표현하고 충성심이 강하며, 영리하면서 유연하고 전통을 중시하며, 우아하다는 것을 꼽는다. 단점으로는 충동적이고 남자다움을 과시하고(macho), 성미 급하고 단견적이고, 완고한 것을 꼽기도 한다.(Georgia: Culture Smart, 9) 수많은 민족이 공존한 소련 시대에 조지아인들은 수완이 좋고, 적극적이며, 상업 능력이 뛰어난 것으로 인식되었다.

세계적으로 알려진 조지아 정치인으로는 셰바르드나제, 샤카쉬빌리, 스탈린(이오시프 주가쉬빌리 იოსებ ჯუღაშვილი), 베리아 등을 꼽을 수 있고, 주한 러시아 대사 중 쿠나제, 라미쉬빌리도 조지아인이었다.

미-소 냉전이 시작되기 직전인 1947년 조지아를 방문한 미국 작가 존 스타인벡은 조지아 국민성을 다음과 같이 서술했다.

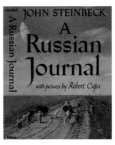

● 존 스타인벡의 A Russian Journal

"그들은(조지아인들은) 격정적이고, 자존심이 강하며, 맹렬하고, 명랑하다. 소련의 다른 민족들은 이들에 대해 감탄을 한다. 그들은 언제나 힘과 생명력과 위대한 기마병이자 전사인 자신들의 능력에 대해 얘기한다. 그리고 조지아 남자들은 러시아 여인들을 쉽게 쟁취한다. 그들은 시와 음악, 춤의 민족이고, 전통에 의하면 뛰어난 사랑꾼이다. 그리고 분명한 것은 이들은 자연의 축복을 받은 나라에서 살고 있고, 이것을 지키기 위해 2천년을 싸워왔다."(존 스타인벡, ⟨A Russian Journal⟩, 146)

친분 형성과 의사 소통

조지아인들은 누군가 처음 만나면 "가마르조바!(안녕! გამარჯობა)라고 말하며 악수를 청한다. 관계가 가까워지면 뺨에 입을 맞추는 식으로 인사하는 경우도 많다. 서로를 호칭할 때, 존칭은 적절한 호칭에 이어 성을 붙인다. 이름 앞에 "바또노"(Mr.) 또는 "칼바또노"(Ms.)라는 호칭을 붙여 존칭으로 부른다. 친구나 가족의 경우에는 이름만 부른다. 조지아인들은 자신의 의사를 적극적으로 표현하는 편이고, 자기 감정을 표현하는 것을 두려워하지 않는다. 그리고 조지아인들은 말할 때 감정적이 되는 경우가 많아서, 음성이 높아지고 손동작을 같이 하기도 한다. 말할 때에는 상대의 눈을 보는 것이 신뢰성을 준다. 시선을 돌리거나 간헐적으로 눈을 마주치는 것은 진실을 말하지 않는 신호로 오해될 수 있다.

젠더와 사회 계층

전통 사회는 남성 위주 사회였고, 여성의 지위가 높지 않았다. 남성은 공적인 삶과 가정을 모두 지배하지만, 대부분의 집안일은 여성이 한다. 그러나 최근에 맞벌이도 많이 늘고, 남성도 가사일의 일부를 담당하기도 한다. 교육을 받은 젊은 여성들이 아버지나 남편보다 더 많은 보수를 받는 경우도 흔해지면서 전통적인 남녀 지위와 역할에 변화가 일어나고 있다. 광업 등 육체노동 영역을 제외하고 성별로 노동 영역을 구별하지 않는다. 대부분의 도시 여성들은 기회가 생기면 가능한 일을 하려고 한다. 여성은 이혼 후에 자녀들을 맡아 양육할 권리를 법률에 의해 보장받는다.

전통적으로 귀족과 평민(농민)으로 사회계층이 분화되었던 조지아 사회는 자본주의 도입 이후 사회 구조가 크게 변했다. 도시의 사무직 근로자와 농촌 지역의 농민들의 분화가 이루어지고, 신흥 자본 계층도 형성되었다. 민영화 과정 또는 해외 무역을 통하여 자본을 축적하거나, 부패를 이용한 신흥부자들은 트빌리시, 바투미 및 포티 등에 집

중되어 있다. 서구화된 생활방식이 부의 상징이 되기도 한다. 이들은 벤츠, BMW, 포르쉐 등 외제차를 몰고 프랑스 등 외국에 별장을 가지고 있거나 휴가를 보내고, 자녀를 유럽이나 미국 학교에 유학 보내는 생활을 하며 부를 과시하지만, 대부분의 국민들은 아직 풍요로운 생활을 누리지 못하고 있다. ✳

● 축제를 즐기고 있는 조지아인들

조지아 사람 이름

조지아에는 셰바르드나제 전 대통령(전 소련 외무장관), 샤카쉬빌리 전 대통령, 바샤제 대통령 후보, 주라비쉬빌리 현 대통령 등 "－제"나 "-빌리"로 끝나는 성이 많다. 러시아 사람 중에도 두 어미를 가진 인물은 조지아 출신이라고 보면 거의 맞는다. 조지아 성에 붙는 대표적인 접미사 "－제(dze)"는 "...의 아들"이라는 뜻이고, 전통적으로 서부 지역에서 많이 쓰였고, "...의 자식"이라는 뜻인 "-쉬빌리(shvili)"는 주로 동부 지역에서 쓰였지만, 지금은 이러한 구분이 거의 없다. 이 외에도 "-이아(ia)"와 "-바(va)"(서부 지역, 사모그렐로Samogrelo 지역), "-아니(ani)"(서부 지역, 스바네티Svaneti), "-우리(uri)"(동부 지역) 등도 쓰인다. "-eli"는 전통적으로 귀족 성에 붙었다.

조지아 전설

프로메테우스 전설과 카즈베기 봉

그리스 신화에서는 주신(主神) 제우스가 자신의
명을 어기고 인간에게 불을 전해 준 프로메테우
스를 오케아노스 강 끝의 카우카소스(카즈베기 봉)
산 정상의 바위에 쇠사슬로 묶어 놓고, 매일 독수
리가 날아와 프로메테우스의 간을 먹도록 하고,
밤이 되면 간이 다시 자라나는 형벌을 받게 했다
는 이야기가 유명하다. 그리스에서 카우카소스로 부른 산이 바로 카즈베기
산이다. 일부 전설에서는 제우스의 아들인 헤라클레스가 독수리를 죽이고,
헤라클레스의 위업을 기뻐한 제우스에 의해 고통에서 해방되었다고 한다.
한편, 프로메테우스가 제우스의 노여움을 산 원인에 관해서는, 제물인 짐
승고기의 맛있는 부분을 계략을 써서 제우스보다 인간 편이 더 많이 가지
도록 했기 때문이라는 설도 있다. 또한 인간을 흙과 물로 만든 것이 프로메
테우스라는 전설도 있다. 프로메테우스의 전설의 조지아 버전인 아미라니
(Amirani ამირანი) 전설이 조지아인들 사이에 전해 온다. 불을 훔쳐서 인간
에게 전해준 아미라니가 카즈베기 바위에 묶여 독수리에게 간을 쪼아 먹힌
다는 이야기 줄거리는 그리스 신화와 같다.(〈코카서스 3국 문학 산책〉, 27-28)

윤동주도 프로메테우스 전설을 소재로 1941년 "간(肝)"이란 시를 썼다.

간

- 윤동주

바닷가 햇빛 바른 바위 우에
습한 간을 펴서 말리우자,

코카서스 산중에서 도망해 온 토끼처럼
둘러리를 빙빙 돌며 간을 지키자,

내가 오래 기르든 여윈 독수리야!
와서 뜯어 먹어라, 시름없이

너는 살지고
나는 여위어야지, 그러나,

거북이야!
다시는 용궁의 유혹에 안 떨어진다.

프로메테우스 불쌍한 프로메테우스
불 도적한 죄로 목에 맷돌을 달고
끝없이 침전하는 프로메테우스.

그리스 신화에서 황금 양털을 가진 양은 현재 조지아의 서부 지방인 콜키스(콜케티)(Colchis კოლხეთი) 왕국에 살고 있었다. 황금 양털은 왕권과 권위의 상징이었다. 아버지로부터 이올코스 왕국의 왕좌를 빼앗은 삼촌 펠리아스로부터 자신의 왕권을 상속하려면 황금 양털을 가져오라는 명령을 받은 이아손은 각종 재능과 능력을 가진  50명의 영웅들을 선원으로 모아 아르고(Argo) 배를 타고 현재의 조지아인 콜키스로 향한다. 콜키스 왕의 딸인 메데아는 이아손이 자신과 결혼하고 자신을 데려간다는 조건으로 이아손이 황금 양털을 획득하도록 도와준다. 이아손은 약속한대로 메데아를 데리고 귀환하는데, 펠리아스 왕이 약속을 어기고 왕좌를 내놓지 않자 메데아는 이아손을 충동하여 펠리아스 왕을 죽이고, 두 사람은 코린스로 도주한다. 코린스에 도착한 이후에 일어난 일에 대해서는 여러 가지 버전의 전설이 존재한다.

*1945년 크림반도 얄타회담에 참석한 미국의 루즈벨트 대통령과 영국의 처칠 수상은 지중해의 몰타(Malta)까지 군함으로 이동하여 합류한 뒤, 몰타에서 크림반도까지는 군용기로 이동했는데, 이 극비 작전의 암호명은 '아르고선 작전(Operation Argonaut)'이었다.(《코카서스 3국 문학 산책》, 74-75) (플로히, 〈얄타: 8일간의 외교 전쟁〉, 45)

겔라티 성당

Georgia

트리빌리시 나리칼라 요새와 성당 ▣▣

고대, 중세 시기

조지아는 유럽에서 가장 오래된 인류 거주지였다. 조지아 중부의 드마니시(Dmanisi ᲓᲛᲐᲜᲘᲡᲘ) 마을에서는 170~180만 년 전 것으로 추정되는 유골과 화석이 발견되었다. 일부 고고인류학자들은 아프리카를 벗어난 인류의 조상이 아라비아반도와 터키 지역을 거쳐 이동하다가 현재의 조지아 땅에 정착했고 후에 유럽으로 건너가서 백인의 조상이 되었다고 말한다.

미국 등에서 백인을 코케이시언(Caucasian)이라고 부르는 이유

19세기 독일의 고고학자 블루멘바흐(Blumenbach)는 인류를 Caucasoid, Mongoloid, Negroid 세 인종으로 나누었다. Caucasoid는 아프리카를 출발한 원인류로 중동을 거쳐 자연환경이 좋은 조지아 지역에 거주하다가 유럽으로 건너가서 백인의 조상이 되었다고 그는 주장했다. (같은 책, 13)

기원전 7세기부터 조지아 지역에 거주하던 부족들은 사스페리 (Sasperi)라는 부족국가 연합을 형성했다. 기원전 2~6세기의 고대 조지 아는 수라미(Surami) 산맥을 경계로 서쪽에 콜키스 왕국과 동부의 이 베리아(Iberia) 왕국으로 나뉘었다.(스페인, 포르투칼이 위치한 이베리아 반 도와 동일한 명칭으로 인해 스페인 지역과 조지아 지역의 역사적 연관성을 주장 하는 학자도 있고, 이것은 조지아어와 바스크어의 연관성 주장과도 연결된다)

콜키스 왕국은 라지카(Lazica) 또는 이 메레티(Imeretia)라고 불렸고, 므트크바리 강(Mtkvari მტკვარი)(러시아명 쿠라강)을 따 라 넓게 위치한 이베리아를 조지아인들 은 카르틀리(Kartli)라고 불렀다. 현재 아 제르바이잔이 위치한 카르틀리 동부 지

● 콜키스 이베리아 지도

역은 알바니아(Albania)라고 불렸는데, 발칸 반도의 알바니아와 구별하 기 위해 코카서스 알바니아(Caucasian Albania)라고 부른다. 그리스인들 은 흑해 연안 지역에 식민도시를 건설했고, 이 지역에서는 그리스어 와 아람어가 사용되었다.

기원전 2세기부터 기원 후 3세기까지 조지아를 포함한 남부 코카서스를 놓고, 로마와 페르시아가 각축을 벌였다. 이 시기에 조지아는 여러 공국으로 나뉘어 두 제국의 지배를 받았다. 므츠케타(Mtskheta მცხეთა)를 수도로 한 중부의 카르틀리는 비교적 독자적 권력을 유지했고, 4세기 미리안(Mirian მირიან) 3세 치세 기간 중에 독자적 왕국으로 성장했다. 미리안 3세는 성 니노의 전도를 받아 334년 기독교를 국교로 받아들인 것으로 알려져 있다. 기독교의 수용으로 인해 성서를 비롯한 기독교 서적의 번역 필요성으로 이 시기에 조지아 알파벳이 만들어졌다. 5세기에 만들어진, 조지아어로 아솜타브룰리(Asomtavruli ასომთავრული)라고 불리는 조지아의 알파벳 창제자는 알려져 있지 않지만, 그리스어와 아람어 알파벳의 영향을 받은 것으로 보인다.(세계에는 15개의 독창적 문자가 존재하는데, 한글과 함께 조지아어 알파벳도 이에 들어간다)

5세기 중반부터 6세기에 조지아는 페르시아와 비잔틴 영역으로 나뉘었다. 서부 조지아와 아르메니아 일부는 비잔틴의 관할 하에 있었고, 동부 조지아와 아르메니아 대부분 지역은 페르시아 수중에 들어갔다. 7세기 중반에는 북쪽으로 영향력을 확대한 아랍 세력이 조지아를 점령했다. 아랍은 아르메니아와 조지아를 하나의 변경 지방으로 다루어 아르무니야(Armuniya)라고 지칭했다. 9세기에는 아랍이 물러나고 대신 비잔틴이 다시 이 지역을 지배했으나 11세기 중반에는 세력을 크게 키운 투르크가 여러 차례 침공하여 도시와 촌락을 약탈하고 성당을 불태웠다. 조지아의 왕은 매년 셀주크의 수도로 가서 충성을 맹세하고 공물을 바쳐야 했다. 조지아인들은 이 시기를 "대 투르크 고난 (didi turkoba / Great Turkish Invasion / დიდი თურქობა)의 시기"라고 부른다.

오랜 기간 외침에 시달려 온 조지아는 11세기 후반부터 13세기까지 뛰어난 군주들이 나오면서 중세 전성기를 맞았다. "위대한 건설자"라는 별명이 붙은 다비트(Davit დავით) 2세(재위 1089~1125년)은 셀주크 터키의 지배를 끝냈다. 다비트는 1121년 아르메니아, 킵차크와 연합군을 형성하여 디드고리(Didgori დიდგორი) 전투에

● 다비트 2세

서 셀주크군을 크게 무찔렀다. 다음해에 4백년 가까이 이슬람 세력의 손에 들어가 있던 트빌리시를 탈환하여 이슬람 세력을 완전히 축출했다. 그는 셀주크 침입의 피해로 황폐해진 국토와 민생을 회복시켰을 뿐 아니라 남과 북으로 조지아의 영역을 크게 넓혔다. 문화적으로 융성기를 맞아 겔라티 성당을 비롯한 많은 건축물이 지어졌다. 조지아는 다비트 대왕의 증손녀인 타마르(Tamar თამარ) 왕(재위 1184~1213년) 때 중세 최전성기를 누렸다. 티마르 왕은 비잔틴 세력이 약해진 틈

을 타 1204년부터 흑해 연안 지방을 공략하여 시노프(Sinop)와 트레비존드(Trebizond)에 이르는 지역을 복속시켰다. 1210~13년 사이에는 북부 산악민족인 체첸과 다게스탄의 반란을 진압하고 복속시켰다. 타마르 왕은 수많은 시와 노래로 업적과 선정이 찬양되며, 그 대표적인 것이 그에게 헌정된 쇼타 루스타벨리의 〈호랑이 가죽을 두른 용사〉이다. (타마르 여왕은 남자 군주 이상으로 용맹하게 적극적으로 조지아를 이끌었기 때문에 조지아인들은 '여왕' 대신 '왕'이란 명칭을 쓴다.)

● 타마르 왕 초상

타마르(Tamar თამარ) 왕 (재위 1184~1212년)

12세기말부터 조지아의 전성기를 이끈 여왕. 조지아 최초의 여왕으로서 1173년부터 부왕인 게오르기 3세와 공동 통치를 하였으나, 부왕이 죽자 반대세력의 저항에 직면했다. 반대자들을 지혜롭게 제압한 후 셀주크 투르크의 쇠퇴를 틈타 뛰어난 외교술과 군사력으로 조지아의 영토와 영향력을 크게 확대했다. 1185년 루스의 왕자와 결혼했으나, 2년 뒤 그를 쫓아내고, 1191년 알란족 출신의 다비드 소슬란과 결혼하여 두 아들을 낳았고, 이들이 왕조를 이어갔다. 조지아의 역사와 전승에서 타마르 왕은 가장 뛰어난 군주로 추앙되며 조지아 정교회에 의해 성인으로 시성되어 매년 5월 14일은 타마르 성일로 기념된다. (같은 책, 98)

13세기 초 몽골군이 코카서스 지역을 점령하면서 조지아의 중세 전성기는 막을 내렸다. 몽골의 약탈과 압제는 셀주크 투르크보다 훨씬 심했고, 조지아는 몽골 지배의 폐해로 인해 수 세기 동안 침체기에 빠졌다. 15~16세기 조지아는 여러 공후국으로 나뉘어 외세의 지배를 받거나 간신히 독자적 생활을 영위해 나갔다. 17세기 조지아는 쿠타이시(Kutaisi ქუთაისი)를 수도로 하는 서부 조지아와 트빌리시를 수도로 한 동부 조지아로 나뉘었다. 북부의 산악 민족들이 수시로 침입하여 약탈을 하고 주민들을 노예로 잡아갔으며, 남쪽으로부터는 오스만 투르크와 이란 사파비드 왕조로부터 여러 차례 침입을 받았다.

18세기 조지아는 바흐탕(Vakhtang ვახტანგ) 6세와 에레클레(Erekle ერეკლე) 2세라는 두 명의 뛰어난 군주의 출현으로 잠시 국가적 위기를 벗어났으나, 얼마 되지 않아 북쪽의 새로운 강국 러시아 제국의 영향권에 들어갔다. 러시아의 예카테리나 여제가 오스만 투르크를 꺾자 1783년 조지아와 러시아는 게오르기옙스크(Georgievk გეორგიევსკის ტრაქტატი) 조약을 맺어, 조지아는 러시아의 종주권을 인정하고, 러시아는 외적의 침입으로부터 조지아를 보호하기로 약속했다.

러시아 지배 시기

에레클레 2세가 사망하자 러시아의 알렉산드르 1세는 1801년 카르틀리-카케티 왕국을 병합하고, 1810년 서부의 이메레티 왕국도 병합하여 조지아를 수중에 넣었다. 조지아 귀족들은 간헐적으로 러시아의 지배에 항거하는 봉기를 일으켰으나 곧 러시아의 지배를 받아들이고 러시아 문화에 동화되며 러시아의 식민 관료와 군지휘관으로 변신했다. 러시아는 조지아를 다섯 개의 지방으로 나누고 총독을 파견하여 통치했다. 1845~54년 코카서스 총독을 맡은 미하일 보론초프(Mikhail Vorontsov)는 뛰어난 행정과 문화 정책을 펴서 조지아 귀족들은 러시아 지배 하에서 민족적 발전을 이루는 길을 택했다.

● 미하일 보론초프

19세기 조지아의 민족문화 부흥 운동을 이끈 대표적인 인물은 차브차바제(Ilia Chavchavadze ილია ჭავჭავაძე)였다. 그는 〈이베리아(Iveria ივერია)〉라는 신문을 발행하며 문화 운동을 이끌었다. 같은 시기 체레텔리(Akaki Tsereteli აკაკი წერეთელი)도 〈크발리(Kvali, '발자국'이라는 뜻)〉라는 신문을 창간하여 큰 활동을 했다. 두 사람에 앞서 에리스타비(Giorgi Eristavi გიორგი ერისთავი)는 〈여명(Tsiskari ცისკარი)〉이라는 잡지를 창간하여 문화운동의 문을 열었다. 19세기 후반 이 세 사람 외에도 바라타쉬빌리, 카즈베기, 바자-프샤벨라 같은 뛰어난 시인들이 나타났다. 1880년대에는 평민들, 노동자들을 대상으로 혁명 사상

● 주가쉬빌리(스탈린)

을 전파하는 급진주의자들도 나타났다. 1890년대 초반 조르다니아(Noe Zordania ნოე ჟორდანია)와 마카라제(Pilipe Makharadze ფილიპე მახარაძე)가 사회주의 혁명 운동을 주도했다. 이 당시 후에 스탈린으로 개명한 주가쉬빌리(Jugashvili ჯუღაშვილი)도 트빌리시에서 은행 강도로 혁명 자금을 마련하고, 바투미에서 정유공장 노동자들을 조직했다.

소련 시기

1917년 러시아에서 2월 혁명이 발생하여 차르 전제정이 붕괴되자, 조지아를 비롯한 코카서스에도 임시정부와 볼셰비키의 "이중 권력" 체제가 형성되었다. 조지아에는 조르다니아가 이끄는 멘셰비키 세력이 강했는데, 10월 볼셰비키가 수도에서 권력을 장악하자 볼셰비키를 인정하지 않았다. 1918년 초 볼셰비키 정부가 1차 대전에서 발을 빼기로 하자, 터키군이 코카서스로 진입했다. 조지아인들은 5월 17일 독립을 선언하고, 초대 수상으로 라미쉬빌리(Noe Ramishvili ნოე რამიშვილი)가 취임했다. 1920년 러시아 내전에서 승기를 잡은 볼셰비키 적군이 조지아를 압박하자 멘셰비키파는 급격히 세력이 약화되었고, 멘셰비키 정부 수뇌부는 1921년 2월 바투미에서 배를 타고 유럽으로 망명하였다. 1922년 3월 코카서스 3국 대표는 "트랜스코카서스 사회주의연방"을 설립했다.

1920년대 각 민족 지역에서 "토착화(korenizatsiia)" 정책이 펼쳐지면서 문맹퇴치 교육이 전개되었고, 1918년에는 트빌리시대학교가 세워져 1923년에 이미 4천 명의 학생이 재학했다. 1920년대 말과 1930년대 초에는 농업 집단화로 인한 주민의 희생이 컸다.

1931~38년까지 조지아 공산당을 이끈 인물은 후에 소련 비밀경찰 수장으로 악명을 떨친 베리아(Lavrenti Beria, 1899~1935년)였다.

● 영화 속 베리아 모습

스탈린은 조지아 고리(Gori გორი) 출신이었지만 1936~38년 대숙청 기간 동안 조지아 지식인과 관료들은 다른 지역에서와 마찬가지로 큰 희생을 치렀다. 2차 대전 중 조지아는 독일군의 침공을 받지 않았지만 전쟁에 참가한 인원 중 약 30만 명이 전사했다.

1970년대 조지아에서는 반체제 민족주의 운동이 발생했다. 후에 조지아 초대 대통령이 되는 즈비아드 감사쿠르디아(Zviad Gamsakhurdia ზვიად გამსახურდია)가 이 운동을 이끌었다. 당시 내무장관으로 당 고위관료들의 부패 척결에 공을 세

● 감사쿠르디아

운 셰바르드나제(Eduard Shevardnadze 에두아르드
셰바르드나제)는 1972년 조지아 당 제1서기가 되
어 여러 개혁조치를 취했다. 1984년 고르바초프
가 소련 공산당 서기장이 되면서 셰바르드나제
는 소련 외무장관으로 영전했다.

● 셰바르드나제

고르바초프의 페레스트로이카가 시작되고 민족주의 운동이 시작
되면서 조지아에 포함된 압하지아, 아자리아, 남오세티아에서 민족 분
규가 발생했다. 1989년 4월 9일 트빌리시에서 일어난 민주화 시위를
소련 군대가 강경 진압하면서 19명이 사망하고 수백 명이 부상당하는
비극이 일어났다. 조지아의 민족 독립운동은 코스타바(Merab Kostava
메라브 코스타바)와 감사쿠르디아가 이끌었는데, 1989년 코스타바가 사
망하자 감사쿠르디아가 가장 영향력 있는 지도자가 되었다. 1990년
10월 치러진 의회 선거에서 감사쿠르디아가 이끄는 '원탁회의'가 압
도적 1위를 차지하며 그는 최고회의 의장으로 선출되었다.

독립 이후

1991년 4월 9일 독립 여부를 묻는 주민투표에서 90% 가까운 찬성으
로 독립이 가결되었고, 5월 감사쿠르디아가 초대 대통령으로 선출되
었다. 그러나 감사쿠르디아의 극우 민족주의와 독재적 성향은 야당과

의 충돌을 가져왔고, 압하지아의 분리독립운동이 격화되면서 조지아
는 큰 혼란에 빠졌다. 1992년 정치적 혼란을 수습하기 위해 셰바르드
나제가 귀향하였다. 11월 치러진 대통령 선거에서 89%를 득표한 셰바
르드나제는 2대 대통령으로 취임하였다. 그러나 압하지아와 아자리아
의 무장 분리독립 운동이 격화되어 조지아는 준(準)내전 상태에 빠졌
다. 셰바르드나제 정권은 국내의 혼란을 수습하지 못하고, 부패는 격
화되었다. 1995년 셰바르드나제는 대통령에 재선되었으나, 부정 선거
시비가 일었다. 셰바르드나제 정권에서 법무장
관을 맡아 부패 척결에 나선 사카쉬빌리(Mikheil
Saakashvili მიხეილ სააკაშვილი)는 야당을 조직하
여 셰바르드나제 정권에 대항했다. 2003년 11월
치러진 총선에서 대규모 부정이 벌어지자 사카

● 사카쉬빌리

쉬빌리가 이끄는 야당은 셰바르드나제 정권 퇴진 운동을 벌였다. 소
위 "장미혁명(Rose Revolution ვარდების რევოლუცია)"으로 불리는 정
권 교체 시위가 벌어진 지 2주 후 셰바르드나제는 대통령직을 사임하
고, 2004년 1월 5일 치러진 선거에서 사카쉬빌리가 대통령에 당선되
었다. 사카쉬빌리는 대외적으로 EU와 NATO 가입의 친서방 정책을
추진하고, 대내적으로는 과감한 개혁 정책을 펼쳤다. 정권 초기 국민
들의 큰 지지를 받았던 사카쉬빌리 정권은 독단적 국정 운영과 정적

탄압으로 불만을 야기했고, 사카쉬빌리는 임기를 1년 남긴 2008년 1월 조기 대통령 선거를 실시해 재선에 성공했다. 2008년 8월 8일 남오세티아의 무력 도발에 대한 반격을 펼친 조지아를 러시아가 침공하며 양국간에는 전면전이 벌어졌다. 압도적인 병력과 화력을 앞세운 러시아군은 1개 사단 병력에 불과한 조지아군을 쉽게 제압하고 트빌리시 인근까지 진격했다. 8월 12일 양측은 프랑스가 중재한 휴전안에 서명하고, 러시아는 남오세티아와 압하지아를 독립국가로 승인했다.

2011년 3선을 앞둔 사카쉬빌리는 총리의 권한을 강화한 내각제에 가까운 이원집정제를 택했다. 러시아에서 큰돈을 번 억만장자인 이바니쉬빌리(Bidznia Ivanishvili ბიძინა ივანიშვილი)가 새 정당 "조지아의 꿈(Georgian Dream)"을 만들어 사카쉬빌리에 대항했다. "조지아의 꿈"은 여러 야당 정당과 연합세력을 형성하여 총선에서 승리하여 이바니쉬빌리는 총리에 취임했다. 2013년 11월 치러진 대선에서 기오르기 마르그벨라쉬빌리가 대통령에 당선되었지만 정치권력은 크지 않았

● 이바니쉬빌리

다. 정치인 체질이 아닌 이바니쉬빌리는 2013년 11월 총리직을 사임하고, 이후로는 막후에서 권력을 조정하는 후견인으로 남았다. 2018년 11월 치러진 대통령 선거에서 사카쉬빌리의 정치적 후계자인 바샤제(Grigol Vashadze გიორგი ვაშაძე)와 프랑스

태생 조지아 여성 정치인인 주라비쉬빌리(Salome Zhurabishvili ᲡᲐᲚᲝᲛᲔ ᲖᲣᲠᲐᲑᲘᲨᲕᲘᲚᲘ)가 대결했다.

● 마르그벨라쉬빌리

1차 선거에서는 두 후보 간 득표율 차이가 1% 남짓에 불과했지만, 결선 투표에서는 주라비쉬빌리가 19% 차이로 승리했다. 1차 투표와 결선 투표 사이 기간에 이바니쉬빌리가 사재를 털어서 약 60만 가구의 부채를 탕감해 준 것이 주라비쉬빌리 당선에 결정적 영향을 미쳤다. 주라비쉬빌리는 무소속으로 출마했기 때문에 이바니쉬빌리의 지원은 금권 선거라는 비난을 받지 않았

● 주라비쉬빌리

다. 조지아는 의회에서 대통령을 뽑는 간선제로 바꾸었기 때문에 이번 대통령 선거는 마지막 직선이 되었다. ✣

조지아와
기독교

역사적으로 조지아가 공식으로 기독교를 수용한 것은 4세기 초로 인정되지만, 1세기에 이미 예수의 사도들에 의해 기독교가 전파되었다는 전설이 있다. 우크라이나, 루마니아, 키프러스를 포함한 흑해 지역으로 전도 여행을 한 사도 안드레이가 조지아에도 기독교를 전파하고 기독교 공동체를 설립했다는 전설이 전해온다. 아르메니아에 기독교를 전파한 사도 바톨로메와 디도(Taddeus)도 북쪽으로 올라와 조지아 지역에 기독교를 전했다는 전설도 있다.

기독교 전파 이전 조지아에는 원시 신앙, 미트라스(Mitras) 숭배 신앙과 조로아스터교가 널리 퍼져 있었다. 조지아 기독교 수용 과정은 전설 같은 이야기로 시작된다. 카파도키아 출신 성녀 니노(Nino ნინო)가 미리안 3세의 둘째 부인인 나나(Nana ნანა)의 불치병을 고쳐서 신의 은총을 나

● 성녀 니노

타냈다. 또한 들판에서 사냥 중이던 미리안 3세가 일식을 만나서 공포에 떨었는데 신에게 기도하자 태양이 다시 나타났다. 니노가 미리안 3세에게 이러한 일에 대한 하늘의 섭리를 설파하자 미리안 3세는 므츠케타에 교회를 짓기 시작했다. 노역자들이 도저히 세울 수 없는 기둥을 하룻밤 사이에 세워서 교회를 완성했다고 해서 이 교회는 일명 "살아있는 기둥 교회(Cathedral of the Living Pillar სვეტიცხოველი)"로 불렸다. 개기일식이 일어난 해로 따지면 조지아에 기독교가 전파된 해는 317년이지만, 역사적 기록으로는 334년에 기독교를 수용한 것으로 나온다. 로마에 기독교가 공인된 시기보다 빠르거나 거의 비슷한 시기에 기독교를 수용한 조지아는 아르메니아와 함께 기독교를 가장 먼저 수용한 국가이다. 로마제국과 정치, 문화적으로 밀접한 관계를 유지하던 서부 조지아의 콜키스 왕국은 일찍부터 기독교가 전래되어 니케아 공의회(325년) 당시에 이미 몇몇 도시에 주교가 활동했던 것으로 전해진다.

초기에 조지아 교회는 아르메니아 교회와 밀접한 관계를 맺으며 발전했다. 그러나 451년 칼게돈 공의회가 합성설을 인정하자 단성설을 신봉하는 아르메이나 교회가 이에 반발하고 나섰고, 507년 드빈(Dvin) 공의회를 계기로 양국 교회는 다른 길을 가게 되었다. 11세기부터 13세기까지 조지아가 동부와 서부의 통일 왕국을 이루며 정치, 문화적 황금기를 맞게 되자 교회와 기독교 문화도 크게 융성했다. 다비드 대왕은 아르메니아 교회의 단성론을 적극 비난하고, 서부 조지아에 겔라티(Gelati გელათი) 수도원을 지었다. 조지아 중세 시기의 절정을 이룬 타마르 여왕은 예루살렘에 유골이 묻혔다는 전설이 있다. 기독교 문화가 번성하던 시기에 조지아 교회는 독특한 예술 형식도 발전시켰는데, 필사체(calligraphy), 다성 교회 합창, 클로이존 에나멜 이콘과 조지아 십자형 돔 건축양식이 대표적이다. 중세 시대 대표적인 교회 건축물로는 쿠타이시의 바그라티 성당과 겔라티 수도원이다.

13세기 몽골 침입으로 조지아 교회의 황금기는 끝나고, 14세기 말 티무르 침입으로 또 한번의 타격을 받았다. 성당, 수도원 등이 수없이 파괴되었고, 소중한 문헌들도 많이 상실되었다. 15~18세기 조지아 동부 지역은 페르시아, 서부 지역은 오스만 투르크의 지배를 받았다. 일부 지도층은 권력을 유지하기 위해 이슬람으로 개종하거나, 표면적으로 개종하여 이슬람 전례를 따랐다. 18세기 말 러시아가 남하하면서 조지아의 기독교 전통이 되살아났지만, 조지아 교회의 독자적 권위는 상실했다.

1917년 2월 혁명으로 제정러시아가 붕괴하자 조지아 교회는 3월 25일 자치(autocephaly) 회복을 선언했으나, 1921년 볼셰비키가 조지아

🔹 겔라티 수도원 🏳️ 🔹 바그라티 성당 🏳️

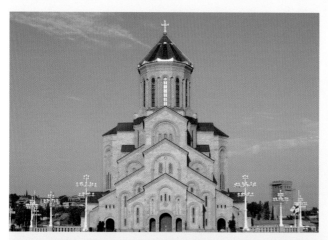

🔵 트빌리시 성삼위일체 대성당 🏳️
🔵 므츠케타의 스베티츠호벨리 성당 🏳️

를 점령하면서 자치성은 다시 박탈되었다. 1991년 조지아가 독립하면서 교회의 지위와 조지아 역사에서 수행한 특별한 역할은 헌법 제9조에 명시되었고, 기독교는 조지아의 국교와 같은 지위를 회복하였다. 조지아 교회의 상징으로 1996년 3월에 건축이 시작된 트빌리시 성삼위일체 대성당은 2004년 11월에 봉헌되었다. 1999년 11월 교황 요한 바오로 2세가 트빌리시를 방문하여 트빌리시 스포츠 스타디움에서 미사를 집전했다. 현재 조지아 교회는 개신교에 대해 배타적인 태도를 유지하며 선교 활동을 허용하지 않는 입장을 취하고 있다. 2010년 조사를 보면 신앙이 있는 조지아 주민 중 83.9%가 조지아 정교회 신자이고, 무슬림이 9.9%, 아르메니아아 정교회 신자 3.9%, 로마 가톨릭 신자가 0.8%로 나타났다. ✼

조지아
언어

조지아어의 계통

조지아어는 계통상으로 인도유럽어족의 카르트벨리 어군(Kartelvelian languages ქართველური ენები)에 속한다. 그러나 조지아어는 인도유럽 어족에 속하는 다른 언어와의 유사성을 찾기가 쉽지 않다. 피레네 산 맥에 거주하는 바스크족이 사용하는 바스크어와의 계통적 관계를 주 장하는 학자들이 있기는 하지만 근거가 약하다. 이 학자들은 능격(能 格) 언어라는 점과 음성의 일부 유사성을 근거로 이러한 주장을 한다. 카르트벨리 어군에는 조지아어 외에도 북부 산악 지역 언어인 스반 어(Svan სვანური), 북서 조지아에서 사용되는 멘글레리아어(Mengrelian მეგრული)와 서쪽 흑해 연안 지방에서 사용되는 라즈어(Laz ლაზური) 가 있다. 조지아 언어학자들을 이 언어들을 조지아의 방언으로 취급 하기도 한다.

조지아어 알파벳

5세기 중반 발명된 조지아 알파벳은 현재 33자(모음 6, 자음 27)로 이루어져있다. 알파벳 형은 "대문자(Asomtavruli ასომთავრული)", "소문자(Nushkuri ნუსხური)", "군사(Military)체"라고도 불리는 "므헤드룰리(Mkhedruli მხედრული)"가 있다.

조지아어 알파벳

조지아어의 특징

조지아어의 발음의 가장 큰 특징은 유사한 음성적 성격을 가진 "조화된 이중(다중)자음(harmonic clusters)"이다. 유성음(voiced), 유기음(aspirated), 방출음(ejective) 같이 유사한 음성적 성격을 가진 자음군이

한 발성(release)으로 발음된다. 다중 자음은 많은 경우 여섯 개가 겹치기도 한다. 방출음과 능격동사 사용은 코카서스 지역 언어에 나타나는 일반적 특징이다. 조지아어는 강세, 억양, 리듬을 갖지만, 강세는 매우 약하다.

형태적으로 보면 조지아어는 교착어(agglutinative)이다. 접두사와 접미사가 첨가되어 다양한 문법 범주를 나타낸다. 명사는 주격, 능격(能格), 여격, 생격, 도구격, 부사격(adverbial), 호격(呼格)(vocative) 7격으로 곡용(曲用)(inflection)된다. 조지아어는 명사, 대명사에 문법적 성(grammatical gender)이 없다. (허승철, 피르츠칼라바 〈조지아어 기초회화〉 11-13)

고대-19세기

4세기 조지아에 기독교가 도입되고, 조지아 문자가 발명되면서 조지
아 문학도 본격적으로 발전하기 시작했다. 그 이전에는 전설, 민요, 신
화 등 풍부한 구전 문학이 이어져 온 것으로 보인다. 대표적인 신화는
아미라니(Amirani ამირანი) 신화이다. 신에게 대항한 벌로 코카서스 산
바위에 몸이 묶인 것은 카즈베기 산에 묶인 프로메테우스 전설과 비
슷하다. 기독교 도입 이후 주로 그리스어와 시리아어에서 성서와 기
독교 문헌의 번역 작업이 활발하게 진행되었다. 야코프 쭈르타벨리가
쓴 것으로 추정되는 〈성 슈샤니크 여왕의 순교〉(470년 이후 저술로 추정)
은 최초의 문학 작품으로 간주된다.

   타마르 여왕 시대에 쇼타 루스타벨리는 조지아 문학사에 남
을 기념비적인 작품인 〈호랑이 가죽을 두른 용사(Vepkhistkaosani
ვეფხისტყაოსანი)〉를 썼다. 이 작품은 기독교 정신뿐만 아니라 신플라

○○ 쇼타 루스타벨리
○ 호랑이 가죽을 두른 용사

톤주의, 동방 신앙을 조화롭게 통합하여 애국주의와 개인의 자유, 사고와 감정의 자유 등을 표현했다. 조지아 초등학생들도 이 작품의 서장을 외워 평생 잊어버리지 않고, 50장에 나오는 여주인공의 사랑의 고백은 결혼식에서 신부가 종종 낭독한다. 조지아와 영국 옥스퍼드 대학에 보관 중인 《호랑이 가죽을 두른 용사》 사본은 2012년 유네스코 '세계기록물유산'에 추천되어 2013년 세계기록물유산으로 인정되었다. 이 작품은 한국어로 번역되었다.(허승철 역, 《호랑이 가죽을 두른 용사》 문예림, 2017년)

조지아가 오스만 터키와 페르시아의 지배를 받은 15~18세기에도 조지아 문학 전통은 계속 이어졌다. 17세기 군주로 여러 언어를 구사하며 문학적 재능이 뛰어났던 테이무라즈 1세는 기독교 배교를 강요 당하다가 이를 거부하고 순교한 자신의 어머니를 다룬 〈성녀 케테반 여왕의 일생과 열정〉을 썼다. 18세기 말 조지아 근대 문학의 시대를 연 다비트 구라미쉬빌리(Davit Guramishvili 1705~1792년)는 조지아의 낭만주의 문학이 만개하기 전 시기의 가장 뛰어난 시들을 썼다. 그는 자신과 조지아의 운명에 대한 탄식과 회한, 위안을 시로 표현했다. 뛰어난 시인들이 연이어 배출된 19세기 조지아 문학에서 가장 큰 영향력을 끼친 것은 알렉산더 차브차바제(Aleksander Charchavadze 1786~1846년)였다. 문체적으로 그는 18세기 조지아 르네상스 문학으로부터 이어져 내려온 고문체와 풍부한 형식성, 페르시아의 서정시 음조, 티플리스 거리의 보헤미안적 언어, 유럽 낭만주의의 요소를 결합하여 조지아의 시 언어를 구어에 가깝게 만들었다. 그는 1832년 봉기 참여 이전에는 전투적이고 낙관적인 시를 썼으나, 1832년 이후에는 조지아의 돌아올 수 없는 과거의 영광에 대한 감상적 애국주의가 주된 모티프를 이룬다. 그리골 오르벨리아니(Grigol Orbeliani 1804~1883년)는 본격적인 낭만주의 시대를 연 시인으로 거리의 악사들이 지은 시와, 아슈그(ashug)라고 불린 유랑시인(minstrel)의 언어를 사용하여 서정시 '무함바지(Mukhambazi მუხამბაზი)'를 짓기도 했다. 그의 대표 시는 1827년 러시아-이란 전쟁을 배경으로 한 '예레반 전투 후의 축제의 밤'이다.(〈코카서스 3국 문학 산책〉 116~23) 19세기 조지아 시인 중 최고봉으로 꼽히는 니콜로즈 바라타쉬빌리

니콜로즈 바라타쉬빌리

(Nikoloz Baratashvili 1817~1845년)는 영국의 키츠와 비교되는 낭만주의 시인이다. 그는 조지아 민족정서와 유럽적 낭만주의를 결합한 최초의 조지아 시인으로 대표작은 1839년에 쓴 역사시 '조지아의 운명'과 종말론적인 환상을 그린 '메라니'이다.

19세기 후반에 등장한 새로운 시인들과 작가들은 조지아어를 부활시키고, 조지아 민족의식을 일깨우는데 큰 역할을 하며 스스로를 "테레크 강물을 먹고 자란 사람(Tergdaleulebi თერგდალეულები)"이라고 불렀다. 이들은 민중에게 다가가기 위해 문어체 대신 구어체로 작품을 썼고, 민중 교화를 위해 여러 문예지를 창간하여 발행했다. 이들 중 가장 큰 영향력을 발휘한 것은 일리야 차브차바제(1837~1907년)였다. 그는 1857년 발표한 '크바렐리의 산들에게로'로 문학적 명성을 얻었다. 아카키 쩨레텔리(Akaki Tsereteli 1840-1915년)는 일리야 차브차바제와 함께 조지아 민족부흥운동을 이끄는 쌍두마차가 되었다. 그의 작품 중 가장 유명한 것은 조지아의 국가적 민요하고 할 수 있는 '술리코(Suliko სულიკო)'(1895년)이다. 여기서 주인공이 찾고 있는 영혼은 잃어버린 사랑과 민족정신이다. 조지아뿐만 아니라 러시

알렉산더 차브차바제 초상
일리야 차브차바제와
아카키 쩨레텔리 동상

아에서도 유명한 '술리코' 1-3연은 다음과 같다.(같은 책, 132-38)

나는 사랑하는 사람의 무덤을 찾을 수 없었다.

몇 날을 찾아 헤매도 흔적도 찾을 수 없구나.

나는 눈물을 흘리며 물었다.

"나의 술리코야, 어디로 갔느냐?"

나는 외롭게 핀 장미를 보았다.

홀로 외롭게 핀 장미를.

나는 숨을 멈추고 바로 물어보았다.

"네가 바로 나의 사랑 술리코 아니니?"

그렇다고 하며 장미는 몸을 떨며

머리를 숙여 인사했다.

진주 같은 하늘의 이슬이

땅으로 흐르는 눈물을 대신하여 떨어지는구나.

'바자'라는 애칭으로 불리는 프샤벨라(Vazha-Pshavela 1861~1915년)는 일상생활과 당대 프샤비 지방 사람들의 심리를 다루는 글을 썼다. 소설에서는 조지아 산악거주민의 생활을 민속학자와 같은 정확

소련 시대 발행된
바자프샤벨라 기념 우표

한 눈으로 그려냈고, 시에서는 민중들의 영웅적 과거와 당대의 내외부 적과의 투쟁을 주제로 삼았다. 그는 조지아를 뛰어넘는 세계적 수준의 작품을 쓴 것으로 평가받으며, 36편의 서사시와 400여 편의 서정시를 남겼다.(같은 책, 145-7)

20세기 조지아 문학

20세기에 들어와서 상징주의가 조지아 시의 주된 흐름이 되었다. 상징주의의 선구자로 꼽히는 로바키제(Grigol Robakidze)는 동료들과 함께 조지아 미래주의파 "푸른 뿔"(Blue Horns)그룹을 만들고 러시아 미래주의파와 밀접히 교류했다. 20세기 초 가장 뛰어난 시인으로는 갈락티온 타비

● 갈락티온 타비제

제(Galaktion Tabidze 1892~1959년)를 꼽을 수 있다. 1919년 발표한 '예술적 시의 머리'로 앞으로 수십 년간 조지아 문학을 이끌고 갈 시인으로 인정받지만, 스탈린 대숙청 시절 받은 고문으로 신경 쇠약증을 앓다가 결국 자살로 생을 마쳤다. 그의 부인은 체포되어 시베리아에서 죽었고, 동료 시인인 사촌 티치안 타비제도 체포되어 처형당했다. 소련 시대에 들어와 자바키쉬빌리(Mikheil Javakhishvili)는 1924년 〈크바키 크바칸티라제와 그의 모험〉과 〈마르브다의 아르세나〉를 발표했다.

즈비아드 감사쿠르디아의 아버지인 콘스탄틴 감사쿠르디아(Konstantin Gamsakhurdia 1893~1975)는 니체의 영향을 받아 이를 작품에 반영했고, 릴케의 에토스와 코카서스 민간 신화를 결합하여 뛰어난 서사적 역사 소설을 썼다. 아메레지비의 장편 소설 〈다타 투타쉬키아〉는 1970년대 최고의 작품으로 꼽힌다.

조지아 독립 후 도차나쉬빌리는 〈첫 번째 의복〉, 〈문학을 사랑한 남자〉(2014년) 등의 작품을 썼다. 모르칠라제는 조지아 사회가 당면한 문제, 특히 젊은이들의 현실을 다룬 소설로 큰 인기를 끌고 있다. 그의 대표작은 〈파리아쉬빌리 거리의 개들(1995년), 〈카라바흐 여행〉, 〈수줍은 에메랄드〉, 〈길의 그림자〉(2014년) 등이다. ✳

보리스 파스테르나크와 조지아

〈닥터 지바고〉로 국내 독자들에게 잘 알려진 노벨 문학상 수상 작가 파스테르나크는 소련 현대 작가 중 조지아에 가장 큰 애착을 가진 시인이었고, 조지아 시 다수를 러시아어로 번역하여 출간했다. 1931년 조지아를 처음 방문한 파스테르나크는 조지아 시인들과 우정을 쌓으며 조지아 문학에 관심을 갖게 되었고, 조지아 친구들의 도움을 받아 조지아 시인들의 작품을 본격적으로 번역하기 시작했다. 그는 1933년, 1945년, 1959년에도 조지아를 방문했다. 그가 번역한 조지아 시들은 1935년 '조지아의 서정시'라는 시집으로 처음으로 출간되었다. 파스테르나크와 니콜라이 티호노프가 같이 번역한 시들은 '조지아의 시인들'이라는 제목으로 출간되었다. 1934년 파스테르나크는 20세기 최고의 시인 중 한 사람인 바샤 프샤벨라의 시 '뱀을 먹는 사람'을 출간했다. 1940년에는 쩨레텔리의 두 시집을 번역했고, 1945년에는 바라타쉬빌리의 시 거의 전부를 번역했다. 그가 조지아 방문에서 받은 인상은 다음 글에 잘 나타나 있다.

> 그 당시 내게 카프카스, 조지아, 조지아의 개인들 및 그곳 주민들의 삶은 아주 뜻밖의 발견이었다. 모든 것이 새로웠고, 모든 것이 놀라웠다... 마당에서 길거리로 내몰린 빈민층의 삶은 북부의 삶보다 대담하면서도 숨김이 없었고 밝고 솔직했다. 민족 전설의 상징체계는 신비주의와 메시아주의로 가득 차고, 그 상상력의 힘으로 주민들의 삶에 공감하도록 만들었으며... 개개인을 시인이 되도록 만들었다. 사회 진보층의 수준 높은 문화, 그리고 그 수준에 준하는 지

적인 삶은 당시로서는 드문 일이었다. 잘 정비된 티플리스의 모퉁이는 페테르부르그를 연상시켰는데... 발코니의 격자 창틀은 바구니와 하프 모양의 곡선이었고 인적 드문 골목길은 아름다웠다. 레즈긴카(카프카스의 민속 무용)의 리듬을 빠르게 치는 탬버린 소리가 어딜 가든 계속 뒤쫓아 왔다... 그 밖의 어떤 악기들 소리도 들려왔다.

(허승철, 〈코카서스 3국 문학 산책〉, 90-1, 임혜영 〈파스테르나크의 작품 세계와 닥터 지바고〉, 287)

〈백만송이 장미〉 노래와 조지아

심수봉의 노래로 우리에게 잘 알려진 '백만송이 장미'는 조지아의 화가 니코 피로스마니가 프랑스 출신 여배우와 사랑에 빠졌던 일화를 바탕으로 쓴 것이다. 피로스마니는 조지아 1라리 지폐에 등장하는 인물이다. 원곡은 1981년 라트비아에서 작곡된 '마라가 딸에게 준 일생'이었다. 1982년 러시아의 국민가수 알라 푸가쵸바가 이곡을 번안하여 불러서 큰 히트를 했다. '백만송이 장미'의 러시아어 가사는 저명한 시인 안드레이 보즈네센스키가 썼다. 가난한 화가 니코 피로스마니가 트빌리시를 방문한 프랑스 여가수에게 반해 모든 재산을 팔아 수천 송이의 장미를 선물했다는 전설 같은 이야기를 바탕으로 시를 썼다. 그에 앞서 피로스마니에 대한 이야기를 처음으로 러시아에 소개한 것은 러시아 작가 콘스탄틴 파우스톱스키였다. 그는 자신의 작품에서 "마차 턱까지 장미를 가득 실은 마차들이 마르가리타의 집 앞에 멈췄다. 이른 아침 물방울이 매달린 싱싱한 장미들은 무지개 색을 내며 빛났다. 마차꾼들은 잠시 서로 조용히 얘기를 나누더니 마차에 실린 장미들을 대문 앞에 쏟아놓았고, 장미들은 집 앞 길을 가득 덮었다. 이것은 니코가 사랑하는 사람을 위해 바친 장미들이다."라고 묘사했다. 보즈네센스키의 '백만송이 장미' 시는 아래와 같다

한 화가가 홀로 살고 있었네.
작은 집과 캔버스가 그가 가진 것의 전부였다네.
그러나 그는 꽃을 사랑하는
여배우를 사랑했다네.

그래서 자신의 집을 팔고,
자신의 그림과 지붕도 다 팔아,
그 돈으로
바다같이 많은 장미를 샀다네.

백만송이 백만송이 백만송이 붉은 장미
창너머로 창너머로 창너머로 그대가 보겠지.
사랑에 빠진 사랑에 빠진 사랑에 빠진
누군가가 그대를 위해 자신의 인생을 꽃으로 바꿔놓았다네.
아침에 그대가 일어나 창문 앞에 서면
정신이 아찔해질 수도 있겠지.

마치 아직 꿈속에 있는 것처럼

온 마당이 장미꽃으로 뒤덮여 있네.

정신이 들고 어떤 부자가 이런 일을 했을까 궁금해 할 때

창 밑에는 가난한 화가가 숨도 멈춘 채 서 있었네.

만남은 너무 짧았고 밤이 되자

그녀는 기차를 타고 멀리 떠나버렸네.

하지만 그녀의 인생에는

넋을 빼앗길 듯한 장미의 노래가 함께 했다네.

화가는 혼자서 불행한 삶을 살았지만

그의 삶에도 꽃으로 가득 찬 마당이 함께 했다네.

니코 피로스마니(Niko Pirosmani 1862~1918년)

카케티 지방의 미르자아니(Mirzaani)에서 태어나 독학으로 미술 공부를 하였고, 소위 '순진하고 원시주의적' 그림으로 유명하다. 평생 가난하게 살며 하인, 건물청소부, 미장공 등 온갖 궂은일을 하며 생활에서 만난 상인, 가게주인, 노동자, 귀족 등을 소재로 그림을 그렸고, 자연과 농촌 생활, 동물 그림도 많이

● 니코 피로스마니

남겼다. 피카소와 프리다 칼로에게 영향을 준 것으로 평가되며, 1969년에

파리와 비엔나에서 전시회가 열리는 등 사후에 명성을 얻었다. 지금은 조지아의 국민화가로 추앙되며 조지아의 1라리 지폐에 그의 초상화가 새겨져있다. (같은 책, 162-3)

피로스마니 그림

조지아 1라리 화폐에 들어있는 피로스마니 초상

조지아와 19세기 러시아 문학

푸쉬킨을 비롯한 많은 작가들이 조지아 지역을 여행하며 다양한 문학작품을 남겼다. "19세기 모험심 많은 러시아 젊은이들과 작가들에게 코카서스 땅은 아름다운 풍광과 이국적 여인들이 손짓하는 엘도라도 같은 신세계였다.(중략) 러시아 작가들이 이 지역에 관심을 보이기 시작한 것은 코카서스가 러시아의 영향권 아래 들어온 18세기 후반부터이다. 소위 '문학속의 코카서스(literary Caucasus)' 이미지를 본격적으로 만든 것은 푸쉬킨과 레르몬토프이다. 낭만주의 시대에 들어선 러시아 문학에서 코카서스는 다른 대상과 비교할 수 없는 낭만주의 주인공들의 이상적인 활동무대였다. 19세기 전반 러시아 작가들과 지식인들의 내적 성장을 위해 거의 필수 코스가 되었던 이역 땅에서의 유형에서 얻은 이국적 체험은 낭만주의 문학의 풍부한 소재가 되었다. 이러한 체험을 바탕으로 쓴 작품들은 소위 '남방 문학 (Southern literature)'이라는 작은 장르를 형성하기도 했다. 푸쉬킨과 레르몬토프가 자발적 유형을 택해 코카서스를 비롯한 제국의 남부 지역을 여행한 것은 상트페테르부르그의 숨막히는 정형화된 삶으로부터 탈출하기 위한 목적도 있었다." (허승철 〈코카서스 3국 문학 산책〉 10-11)

코카서스를 여행했거나, 문학 소재로 삼은 대표적인 작가를 소개하면 아래와 같다.

● 푸쉬킨

1820년 자유주의적 시를 쓴 죄로 남부 지역으로 유형을 당한 푸쉬킨은 몰도바, 크림, 코카서스를 주제로 한 많은 시를 남겼다. 1829년 러시아-터키 전쟁 때 두 번째로 조지아와 아르메니아 지역을 방문했다. '조지아 산 위에서', '카프카스', '눈사태', '카프카스의 포로' 등이 코카서스를 주제로 한 대표적인 작품이다.

● 레르몬토프

푸쉬킨의 사망 소식을 듣고 쓴 '시인의 죽음'으로 인해 1836년 카프카스 주둔 부대로 유형 겸 군복무를 떠났고, 1840년 다시 한 번 카프카스(코카서스)로 가서 근무하다가 현지에서 결투로 사망했다. 19세기 러시아 작가 중 카프카스를 가장 사랑한 작가로 푸쉬킨과 함께 소위 남방 문학 장르를 만들어냈다. 카프카스를 소재로 한 대표적 시로는 '카프카스', '카프카스여, 먼 나라여', '카프카스의 아침', '테레크 강의 선물', '코자크 자장가', '므츠리(견습수도사)', '악마', '타마라' 등의 있고, 산문으로는 〈우리 시대의 영웅〉을 남겼다.

● 톨스토이

1851년 카프카스 병사 근무를 자청하여 현지 경험을 바탕으로 〈코자크들〉
과 〈하지 무라트〉를 썼다.

이외에도 19세기에 그리고리예프, 베스투제프, 오도옙스키, 홀론스키 등이
카프카스를 소재로 한 시와 산문을 썼고, 20세기 들어서는 벨르이, 세베랴
닌, 예세닌, 마야콥스키, 옙투셴코 등이 카프카스를 소재로 한 글을 썼다. 북
카프카스에서 태어난 솔제니친은 소설 〈1914년 8월〉의 첫 장면을 웅장한
카프카스 산맥 묘사로 시작했다. (같은 책, 1-98)

● 알렉상드르 뒤마와 조지아

1858년 프랑스 작가 알렉상드르 뒤마는 조지아를 여행한 후 이 나라의 전
통, 사람들에게 매혹 당했다. "이 사람들은 뛰어나고 고결하며, 솔직하고 용
감하며 너그러워서 이 사람들을 별도로 연구할 필요가 있다. 특히 이메레
티인, 구리아인, 메그렐리아인은 더욱 그렇다. 유럽 사람들은 콜키스인들의
아름다움을 상상할 수도 있다. 남성들은 아름다운 체형과 걷는 모양새를 가
졌고, 평범한 하인조차도 귀족처럼 보인다."라고 그는 자신의 인상을 남겼
다. 그는 여행 기록을 담은 〈코카서스의 모험(Adventure in the Caucasus)〉이
란 책을 쓰고, 이 중 여러 장에서 조지아와 조지아인을 묘사했다.

- 존스타인벡의 조지아 여행(1947년)

미국 작가 존 스타인벡(John Steinbeck 1902~1968)은 1947년 사진작가 로버트 카파(Robert Capa)와 함께 소련을 여행했다. 그는 모스크바, 키예프, 트빌리시, 바투미, 스탈린그라드(볼고그라드)를 방문했다. 그는 당시 소련의 여러 지역을 방문한 몇 안되는 서구인 중 하나였다. 그는 1948년 여행을 서술한 글과 카파의 사진을 담은 〈러시아 저널(A Russian Journal)〉을 출간했는데, 이 책은 미국 예술인 인문아카데미 서적상을 수상했다.(번역 출간 예정) 그는 책에 이렇게 썼다.

"모스크바, 우크라이나, 스탈린그라드 등 내가 어디에 있건 마법과 같은 조지아라는 이름이 계속 떠올랐다. 그곳에 가보지 못한 사람들과 절대 가볼 수 없는 사람들은 동경과 경탄의 마음으로 조지아에 대해 이야기 한다. 조지아 사람들은 수퍼맨이고, 대단한 음주가, 뛰어난 무용가, 위대한 음악가, 위대한 노동자이고 사랑꾼이라고 이야기 한다. 그리고 이들은 코카서스와 흑해 둘레에 있는 이 나라를 두 번째 천국이라고 말한다. 실제로 우리는 러시아인들이 선량하고 덕 있는 생을 마치면, 그들은 천국으로 가는 것이 아니라, 조지아로 간다고 믿게 되었다."(〈러시아 저널〉, 144)

조지아
음악

다성 민요

조지아의 민속 음악은 풍부하고 유서 깊은 전통을 가지고 있다. 특히 다성 무반주 중창은 서양의 중창, 합창 음악의 효시로 여겨진다. 다른 고대 사회와 마찬가지로 민요는 노동요, 자장가, 사랑의 노래, 결혼 노래, 역사-영웅 노래, 무용 노래, 축제 노래, 희화-유머 노래, 장례 노래 등으로 분류할 수 있다. 러시아 작곡가 이고르 스트라빈스키는 조지아의 민요를 "인류의 여덟 번째 경이"라고 불렀다.

자장가

나나(Nana) 또는 나니나(Nanina) - 엄마들이 부르는 자장가이다.

노동요

나두리(Naduri) - 라짜 지방에서 파종할 때나 추수 때 주로 불린 노동요로, 농사꾼들은 두 그룹으로 각 그룹 선창자가 먼저 노래를 하면 나머지 사람들은 이를 따라하며 일을 했다. "나두리"는 파종 때가 왔음을 알리는 전령과 같은 역할을 했다.

민간 신앙 민요

디데바(Dideba) - 신에게 영광을 돌리는 노래이고, 릴레(Lile), 므제 쉬나(Mze Shina)는 태양에게 바치는 노래이다. 야브나나(Iavnana)는 전염병에 걸린 아이의 악귀를 물리치기 위해 부른 노래이다.

중창과 다성악 합창

조지아 민요는 고대부터 대부분이 중창으로 불린 것이 특징이다. 음악사가들은 조지아 민요가 무반주 다성악 합창(아카펠라)의 기원이 되었다고 말한다. 2011년 유네스코는 조지아의 다성 합창을 인류문화유산으로 지정했다. 1977년 NASA가 화성과 목성 탐사를 위해 발사한 보이저(Voyager) 1호와 2호에는 "차크룰로(Chakrulo)"가 녹음된 금으로 만든 레코드가 실렸다. 조지아의 다성악 합창은 지역에 따라 고유한 특징을 가지고 발전하였는데, 특히 카르틀리와 카케티 지방의 축제의 노래는 뛰어난 다성 화성 음악의 전범을 보여준다. 멜로디를 이

끌고 나가는 고음의 두 파트는 한 파트가 다른 파트 부분으로 들어오기도 하고, 다시 평행으로 유지되기도 하면서 서로 다른 파트를 제압하기 위해 최고의 기교를 발휘한다. 이것은 멜로디를 화려하게 장식하며 아주 특이한 다성악을 만들어낸다.

- 차크룰로(**Chakrulo**): 조지아의 대표적 다성악 음악으로 음의 편차(일탈 deviation) 관점에서 아주 흥미로운 중창이다. 한 파트가 중심 음정에서 점점 더 멀어지면서 강렬하게 전개되다가 최종적으로는 원 음계로 돌아온다.

- 알릴로(Alilo): 알렐루야와 같은 어원에서 나온 음악으로 성탄 축하 음악이다. 성탄절 전야 집집마다 돌아다니면서 부르는 이 노래는 첫 파트가 고음으로 높게 치솟고, 둘째 파트는 저음으로 가며, 셋째 파트는 아주 낮은 저음(basso profondo)으로 부른다. 알릴로는 라짜 지방 민요의 특색을 드러내는 대표적 민요이다.

- 크리만출리(**krimanchuli**): 구리아 지방의 민요에서는 "크리만출리(krimanchuli)"라고 불리는 최고음 파트가 흥미롭다. 비정상적인 고음에서 불리는 이 파트는 화려하게 변화하며 주 멜로디를 장식하는 역

할을 한다. 메그렐리아 지역의 민요(Megrelian songs)는 뛰어난 서정성을 특징으로 한다. (위의 내용은 〈Georgia〉, 293-5에서 인용·요약)

● 조지아 중창단

조지아의 전통 악기

조지아에는 고대부터 사용되던 하프에 대해 스바네티 지역에 전해져 오는 슬픈 전설이 있다. 어느 노인이 사랑하는 외아들을 잃었는데, 그는 아들을 기억하기 위해 아들의 팔을 잘라 하프의 틀을 만들고, 머리카락으로 현을 만들었다. 그는 너무 슬퍼서 죽은 아들의 시신 위에서 며칠을 울었는데, 그의 팔도 하프의 틀이 되고, 머리카락은 현이 되었다고 한다. 위로받을 수 없는 아버지의 눈물이 하프의 처연한 음색이 되었다고 한다.(〈Georgia〉, 297)

고대 악기

- 다스트비리(gudastviri): 백파이프 비슷한 관악기
- 치보니(chiboni): 아자리아, 메쉬케티, 라제티에서 주로 사용된 백파이프 비슷한 관악기
- 추니리(chuniri): 3현으로 된 현악기
- 치아누리(chianuri): 2현으로 된 현악기
- 찬기(changi): 하프 모양의 악기, 주로 전나무와 소나무를 사용해 만듦
- 촌구리(chonguri): 중세부터 현재까지 쓰이는 4현을 가진 대표적인 현악기
- 판두리(panduri): 동부 조지아 모든 지방에서 사용되는 3현의 악기로 노래 반주에 많이 쓰임.

촌구리와 판두리(panduri)는 솔로 가수뿐만 아니라, 다성 중창에 반주용으로 쓰이기도 하고, 무용 음악에 쓰이기도 했다.

●○ 촌구리 ○● 판두리

타악기

- 돌리(doli): 원통형의 나무틀 양쪽에 염소 가죽을 입혀서 만들고, 손으로 두드려서 소리를 낸다.
- 디플리피토(diplipito): 크기가 다른 두 개의 북을 연결해서 만든 타악기로 북채로 소리를 낸다.

관악기

- 부키(buki): 트럼펫과 유사한 관악기
- 두데키(dudeki): 클라리넷과 유사한 관악기

*부지카(buzika): 19세기 말 러시아에서 아코디언이 들어오면서 이것을 작게 변형해 만든 악기로 동부 지역에서는 춤 반주에 널리 이용.

아리랑과 조지아 민요

고려대학교 전경욱 교수는 우리 민요 아리랑과 조지아 민요의 연관성과 유사성에 관한 흥미로운 사실을 밝혔다.

조지아(그루지야)와 아르메니아의 사례

조지아의 민요 〈오로벨라(Orovela)〉는 농부가로서 "아리 아라리 아랄로~ 아라리 아리 아랄로~ 아리 아라리 아랄로~ 아라리 아리 아랄로~다" 또는 "아리 아라리 우~러라 아라리 아리 아라로 아리 아라리 아라로 에헤헤 아라리 아리 아랄로~다"처럼 주로 '아리'와 '아라리'라는 구음을 반복해서 부르는 민요로서, 한국의 '아리' '아라리'와 그대로 일치한다. 그 음악을 들어보면 마치 한국 〈아라리〉의 현대적 변주곡이라고 할 수 있을 정도이다.

또한 아르메니아의 농부가 〈호로베르(Horover)〉도 조지아의 농부가 〈오로벨라〉처럼 '아라리'와 유사한 구음을 사용한다. 즉 〈호로베르〉에서는 "아라벨 아리아리 아라리 아라벨 아리아리 아라리 쟌"이라는 구음이 반복된다. 그리고 아르메니아의 자장가 〈오로르(Oror)〉는 여러 종류인데, 그 가운데 "아라리 아리아리 아아리 아랄로 …"를 반복하는 노래도 있다. 이밖에도 아르메니아 노래 중에는 〈아라리〉, 〈야라리〉, 〈아리 아리〉, 〈야르쟌아리〉, 〈아리 아리 아리〉, 〈아리 씨룬〉, 〈아리 아랄로〉 같은 곡명이 있다.

*조지아 농부가 〈오로벨라(Orovela)〉는 youtube에서 'Georgian folk song Orovela'를 검색하면 들을 수 있다. 그리고 CD음반 국악음반박물관(관장 노재명) 기획 세계민속음악(1) 〈조지아(그루지야) 포도마을 음악 여행 Georgian Music〉(지구레코드, 2012.12)에서도 〈오로벨라(Orovela)〉(5번, 16번, 18번 트랙)를 비롯한 조지아 민요들을 수록하고 있다.

*노재명, 《코카서스 산맥 민속음악 여행》(채륜, 2015, 113). 아르메니아 자장가 〈오로르(Oror)〉는 YouTube에서 Gohar Gasparyan의 〈Oror〉를 검색하면 들을 수 있다. 그리고 노재명, 《코카서스 산맥 민속음악 여행》의 부록 CD에서도 〈오로르(Oror)〉(2번 트랙)와 아르메니아의 농부가 〈호로베르(Horover)〉(16번 트랙)를 수록하고 있다.

(전경욱, 〈불교 구음 라라리와 라리련의 한국적 전승 양상〉, 고려대학교출판부, 2019, 222-223)

조지아
무용

조지아 민속 무용은 전투 동작과 스포츠 게임, 중세 축일을 축하하는 춤에서 발전되었다. 조지아 민속 무용 중 페르쿨리와 호루미는 세계 무형문화유산으로 등록되었다.

- **카르툴리(Kartuli)**: 카르툴리는 남녀 한 쌍이 추는 사랑과 결혼의 춤이다. 남자는 여자를 접촉해서는 안되며 여자로부터 일정한 거리를 유지해야 한다. 남성의 상체는 춤 내내 움직이지 말아야 한다. 이것은 사랑에 빠져도 남자는 자신의 감정을 통제해야 한다는 것을 의미한다. 남자는 춤 상대인 여자가 이 세상의 유일한 여자인 것처럼 그녀에게서 눈을 떼면 안되고, 여자는 눈을 아래로 내리깐 채 물 위를 움직이는 백조처럼 마루 위를 미끄러지듯 움직인다.

- **코루미(Khorumi 또는 Khoroni)**: 조지아 남서부 구리아와 아차라 지방

에서 유래한 춤으로 열정과 에너지가 넘치는 춤으로 발동작의 표현력이 특징이다. 앞 사람의 팔에 자신의 팔을 끼고 무릎을 구부리며 나가는 이 춤의 모양은 적과 맞붙어 싸우는 전형적인 모습을 보여준다. 처음에는 소수의 인원이 함께 추는 춤이었지만 지금은 30-40명이 추기도 한다. 춤의 구성은 전사들의 진영 설치, 적진 정찰, 전투, 승리 네 단계로 나뉜다. (이메레티 지방에서는 "델리-호루니(Deli-Khoruni)"라고 불리는데 이 명칭의 의미는 "무릎을 구부리고 추는 집단 춤"이다.) 보통 5박자(3+2)인 춤의 템포는 선명하고 열정적이면서도 정확한 리듬과 절도 있는 동작을 보여준다.

- 페르쿨리(Perkhuli): 남자들이 두 층 또는 세 층의 원형을 만들어 추는 역동적인 춤으로 약 20종의 다양한 변이형이 있으며 특히 북부 산악 지역 스바네티 지역에서 다양한 형태로 춤을 춘다. 남자들이 서로 팔을 끼어 밀착된 원형을 만들고, 그 사람들 어깨 위에 올라서서 두 번째 층을 만든다. 제일 아래 있는 사람들이 좌나 우로 빠르게 돌면, 그 위에 있는 사람들은 살짝 뛰어올라 다음 사람 어깨에 올라선다. 위에 있는 사람들을 지치게 하려고 아래 사람들이 더 빨리 회전을 하지만, 위에 있는 사람들도 점프의 속도를 빠르게 하며 보조를 맞춘다. 3층에 있는 사람들이 아래로 뛰어내려와 1층의 사람들과

● 카르툴리
◉ 호루미

◉◦ 젬크렐로   ◦● 켑수룰리

결합하여 춤의 템포를 한층 빠르게 하며 춤은 절정에 이른다.

- 켑수룰리(Kevsuruli): 산악지대에서 오랜 전통을 지닌 춤으로 사랑, 용기, 여성에 대한 존경, 단호함, 경쟁 등을 절묘하게 결합한 동작으로 보인다. 처음에는 한 쌍의 남녀가 춤을 추다가, 다른 남자가 나타나면서 분위기가 격렬해 진다. 두 경쟁자와 이들의 후원자 사이에 싸움이 벌어지지만, 여자가 스카프를 던지면서 싸움은 중지된다. 여자가 떠나면서 다시 싸움이 이어진다. 칼과 방패를 든 전사들이 둘씩 짝을 이뤄 여러 전투 동작을 보인다. 강렬하고 공격적인 동작을 보이는 이 춤은 아주 역동적이다.

- 케츠나오바(Kechnaoba), 파리까오바(Parikaoba): 산악지대 전사들이 칼을 들고 전투 동작을 재현하며 격렬하게 추는 춤으로 켑수룰리 운동 양식 중 가장 오래된 기원을 갖고 있다.

- 무티울리(Mutiuli): 이 춤도 산악지대에서 유래한 춤이다. 두 그룹으로 나뉜 젊은이들이 자신의 무예와 기술을 경쟁적으로 과시한다. 발끝으로 선 채 단도를 공중에 던진 다음 떨어지는 단도를 잡는다. 빠른 동작으로 움직이다가 갑자기 멈춰 선다. 단도를 땅에 꽂히게 한

다음 그 사이를 발동작으로 이동하며 춤을 춘다.

- 킨타우리(Kintaruri): 한 사람 또는 두 사람, 아니면 그룹 전체가 추는 코믹한 춤이다. 어깨 동작과 뛰어오르기, 무릎 구부리기, 한쪽 다리를 멀리 뻗은 상태에서 다른 발을 이용해 공중회전을 하는 동작 등을 표현한다. 바그다두리와 함께 일반 대중이 가장 많이 추는 춤이다.

- 바그다두리(Baghdaduri): 원래 이 춤의 명칭은 꽃무늬가 나염된 친츠(chintz) 스카프인 바그다디(Baghdadi)에서 나왔다. 춤추는 사람은 이 스카프를 공중에 던졌다가 잡기도 하고, 땅에 떨어뜨린 상태에서 양 다리를 점점 더 벌려 손을 쓰지 않고, 이빨로 이 스카프를 집어 올린다. 킨타우리에 비해 바그다두리는 절제된 동작을 보인다.

- 사마야(Samaya): 여자 세 명이 추는 느리면서 우아한 춤으로 섬세하며 우아한 동작이 특징이다. 연회가 벌어지면 여자들은 평평한 지붕 위나 발코니에서 사마야 춤을 춘다.

- 아짜룰리(Acharuli): 아자리아 지방에서 추는 춤으로 화려한 의상과 장난스러운 분위기가 특징이다. 남성과 여성 무용수가 절도 있는 동

작을 이어가다가, 남녀 사이의 구애와 장난 등이 표현된다.

- 아리라(Arira): 메그렐리아 지역에서 추는 사랑의 춤으로 카르툴리
  와 비슷하지만, 좀 더 빠른 템보로 진행된다. 한 명의 여성이 세 명
  의 남성을 상대로 차례로 춤을 추다가, 말미에 가서는 모두가 한 그
  룹을 이루어 춤을 춘다.

- 간다가나(Gandagana): 아자리아 지방에서 추는 춤으로 구성과 특이
  한 발동작이 특징이다. 춤의 내용은 간단하다. 남자가 구애의 표시
  로 여자에게 사과를 건네면, 여자는 처음에는 이를 거부하다가 결국
  승낙의 표시로 사과를 받는다.

- 므카룰리(Mkharuli) – 세 부분으로 구성된 간다가나의 중간 파트로
  별도의 춤을 구성한다. 간다가나의 첫 부분과 다르게 격렬한 동작으
  로 춤을 춘다.

- 카즈베구리(Kazbeguri) – 조지아 북부 카즈베기 산악 지방 춤으로 춤
  고 험한 산악 분위기를 연출한다. 용기 있고 절도 있는 동작이 특징
  이고, 힘찬 발구름이 이어진다.

👤 사마야(Samaya)   👤 케츠나오바(Kechnaoba), 파리카오바(Parikaoba)

조지아 무용과 고구려 무용

조지아 민요를 국내에 소개한 음반인 〈Georgian Music: 조지아(그루지야) 포
도마을 음악 여행〉(1912, 지구레코드. 6-7-2012, 지구레코드, 6-7) 설명서에는 고
구려 무용총에 나오는 무용과 조지아 무용의 유사성에 대해 다음과 같이 설
명하고 있다.

  "심디(Simdi)는 그루지야 코카서스 산맥 오세티아 지역의 고산지대 계곡에
  서 젊은 남녀들이 추는 군무이다. 태양, 생명을 축원하고 풍요를 기원하는 혼
  인 축하 무용으로서 고구려 고분 벽화에 그려진 춤 분위기와 그 의미가 아주
  유사하다.

특히 남녀가 긴 소매를 손 밖으로 길게 드리운 채 양손을 뒤로 하고, 가슴을
당당하게 내밀며 추는 부분이 고구려 무용총의 춤 모습과 같다. 심디에 나오
는 반주음악 가운데 판두리 악기 또한 한국 고형의 비파와 유사하다."

  * 고구려 무용총 춤 모습

조지아 씨름

 1947년 소련 방문 중에 조지아 트빌리시를 찾은 미국 작가 존 스타인벡은 야외에서 벌어진 레슬링 비슷한 시합을 보았는데, 이것은 조지아식 씨름이었다. 우리 씨름과 다른 점은 샅바 대신에 상체에 걸친 자켓을 서로 잡고 상대를 쓰러뜨리는 것이다.

고구려 시대 벽화(환도성(丸都城), 각저총(角抵塚) 벽화)에 이미 씨름하는 장면이 나오는데, 조지아의 씨름은 노래, 무용에 이어 한국과 조지아의 문화적 연계를 추정할 수 있게 하는 또하나의 실마리이다.

"두 명의 플롯 주자와 드럼 연주자는 높은 담이 쳐진 곳 입구에서 연주를 하고 있었다. 벽 주위에는 나무들이 촘촘히 서 있었고, 어린애들은 그 틈으로 안을 들여다 보고 있었다.
조지아 전국 씨름 대회가 벌어지고 있었기 때문에 우리는 공원에 오기를 잘했다는 생각이 들었다. 오늘은 결승전이 있는 날이었다. 지난 3일 동안 시합이 진행되었고, 오늘은 전국 결승전이 벌어지는 날이었다.
둥글게 쳐진 담벼락 안에는 뱅 둘러 자리가 놓인 원형경기장이 있었다. 씨름장 자체도 반경 약 35피트(10.5미터) 정도의 원형경기장이었고, 모래가 두텁게 깔려 있었다. 한쪽에는 심판석이 있었고, 그들 뒤에는 선수들이 탈의를 하는 작은 가건물이 있었다... 선수들이 호명되었다. 선수들은 특이한 복장을 하고 있었다. 팔소매가 없는 짧은 캔버스 자켓에 캔버스 허리띠와 반바지를 입고 있었다. 이들은 맨발이었다. (중략) 선수들은 서로에게 접근하여 싸움을 시작한다. 이것은 신기한 레슬링이었다. 내 생각에 여기에 가장 가까운 것은 주짓수(jujitsu) 같다. 선수들은 상대 몸의 아무 부분이나 잡을 수 있는 것이 아니다. 상대 몸에서 잡을 수 있는 부분은 자켓과 벨트 부분이다. 서로 몸을 잡으면 상대를 넘어뜨리거나, 몸을 던져버리거나, 상대의 균형을 무너뜨려 상대를 땅에 쓰러지게 한 다음 상대를 누르는 것이다. 공격과 방어 전 과정 동안 격렬한 음악은 계속 연주되다가 한 사람이 패배하면 음악은 중단된다. 시합은 오래 끌지 않았다. 보통 일분 정도면 선수 한 사람이 내동댕이쳐진다. 한 시합이 끝나면 다음 쌍의 선수들이 심판석에서 확인을 받는다. 이것은 대단한 스피드와 힘, 테크닉을 필요로 하는 운동이다. 몸을 메어치는 동작이 어떤 때는 너무 격렬하고 빨라서 공격을 받은 선수는 공중에 몸이 떠서 등을 대고 땅에 떨어진다. 시합이 계속될수록 관중들은 점점 더 흥분했고, 점점 더 많은 선수들이 탈락했다." (John Steinbeck, 〈A Russian Journal〉, 166-7.)

● 조지아 씨름

조지아의
국경일 및 축일

조지아는 국경일과 다양한 민간 축일이 있다. 축일에는 기독교 신앙과 관련된 것이 많으며, 지방마다 오랫동안 전해져 내려오는 민간 축일이 있다.

1월 1-2일	신년
1월 7일	정교회 성탄절
1월 19일	정교회 주현절(Epiphany)
3월 3일	어머니 날
3월 8일	국제 여성의 날
4월	예수 수난일(Good Friday), 부활절(Easter), Easter Monday: 조상 기념, 성묘
4월 9일	국가 통합의 날(Day of National Unity): 1991년 4월 9일 독립 회복 기념 집회 중 발생한 유혈 사태 추모

● 5월 26일 조지아 독립기념일 퍼레이드

● 5월 26일 조지아 독립기념일 민속춤 의상을 입은 여인들

5월 9일   승전 기념일: 2차 대전 승전 기념일

5월 12일   성 안드레이 축일

5월 26일   독립 기념일

8월 28일   성모승천일

10월 14일   므츠케토바(Mtskhetoba): 5세기 조지아 수도 므츠케타 기념일

11월 23일   성 게오르기 축일

조지아 민간 축제

조지아 각 지역에서 진행되는 민속 축제는 아래의 것이 대표적이다.

아칼랴로바(Akhaljaroba): 십자가 축일, 5월 7일 (카르틀리 지방의 키디스타
                        비 마을과 카케티 지방의 아크(흐)메타 마을

알라베르도바(Alaverdoba): 알라베르디 성당 기념일 9월 14일

아르보바(Arboba): 성 게오르기 기념 축일 8월 28일

즈바르빠티오스노바(Djvarpatiosnoba): 십자가 축일,
                        5월 7일 (카르틀리, 카케티 지방)

디드바또노바(Didbatonoba): 성 게오르기 축일. 카케티 지방의 마타니
                        마을 11월 23일

디드고로바(Didgoroba): 디드고리 전투 승리 기념일.

5월 7일과 8월 15일

가레그노바(Garegnoba): 부활절 다음날, 이메레티와 구리아 지방

야카로바(Iakharoba): 카케티 비장의 마타니 마을의 가을 축제

카쉬베토바(Kashvetoba): 성 게오르기 축일

크비리코바(Kvirikoba): 7월 15일

오카노바(Okanoba): 이메레티 지역의 기독교 수용 기념일,

부활절 둘째 날

치케고로바(Tzikhegoroba): 부활절 화요일

바실리디디사(Basilididisa): 성 바실 기념일, 1월 1일

성 니노 기념일: 1월 27일

요아네나틀리스므쩸리사(Ioanenatlismtzemlisa): 세례 요한 탄생일 6월 24일

베드로와 바울 축일: 6월 12일

성 게오르기 기념일: 11월 23일

(《Georgia2》, 104-5)

● 매년 열리는 시민 축제에 몰려든 사람들과 조지아 와인

Georgia

조지아
와인과 음식

KVARELI 와인 저장고

조지아 와인

코카서스 대산맥이 북풍을 막아주는 코카서스 구릉 지역은 혹한과 혹서가 없고, 적당한 일교차가 있어 와인 재배에 아주 좋은 환경을 가지고 있다. 조지아에는 포도(와인) 산지로 유명한 여러 지역이 있으며. 이중에서도 카케티, 카르틀리, 이메레티 지역이 유명한 와인 산지이다. 이 지역들은 대개 해발 1,300~1,400미터에 위치하고 있다. 조지아에서 재배되는 포도는 약 500여종에 이르며, 각 지역마다 고유의 포도품종을 재배한다. 카케티(Kakheti)(80) 카르틀리(Kartli)(72), 이메레티(Imereti)(75), 라짜-레츠쿠미(Racha-Lechkhumi)(59), 사메그렐로(Samegrelo)(6), 구리아(Guria)(53), 아자리아(Adjara)(52), 압하지아(Abkhazia)(5)가 다양한 포도 품종을 재배하고 있다.(괄호 안의 숫자는 포도의 종류이다) 와인 문화는 조지아 문화의 일부가 되었으며, 각 농가의 포도재배와 와인 주조는 가업을 넘어 각 가문의 전통으로 자리잡았다. (〈Georgia〉 107, 〈코카서스 3국의 역사와 문화〉, 126에서 재인용)

조지아는 전 세계에서 가장 오래된 와인 제조 역사를 가지고 있다. 조지아 지역에서 포도 재배와 와인 숙성은 8천 년 전 신석기 시대부터 시작된 것으로 추정된다. 조지아어로 "그비노(ღვინო, ɣvino)"인 와인은 영어의 "와인(wine)"이나 러시아어의 "비노(вино)(vino)"와도 유사하다. 고고학자들에 따르면 와인 제조의 역사는 남코카서스에 거주하던 사람들이 얕은 땅 구덩이에 있던 야생 포도 주스가 겨울을 나면서 와인으로 바뀌는 것을 발견하면서 시작되었다고 한다. 이 발견에 착안한 조지아 사람들은 크베브리(kvevri, 일명 '추리'churi)라는 점토로 만든 단지에 포도를 넣어서 인공적으로 숙성시키는 방법을 발달시켰다. 크베브리는 포도를 땅속 온도에서 숙성시키는 역할을 한다. 크베브리는 우리 항아리와 모양이 비슷하기도 한데 땅에 파묻기 용이하게 아래쪽이 뾰족하다. 흙으로 모양을 만들어 굽고, 내부를 밀랍으로 바른다. 포도농사에서 수확된 포도를 크베브리에 담은 후 나무 뚜껑으로 닫고 이것을 흙을 이겨서 다시 봉한 후 일정 기간 숙성시킨다. 경우에 따라서는 50년 간 크베브리에 담은 채 숙성하기도 한다. 유네스코는 조지아의 전통적 와인 숙성법을 인류 무형문화(Intangible Cultural Heritage)로 등록했다. 크베브리 이외에도 다양한 숙성 용기가 발달했는데, 각 지역마다 고유의 모양과 문양을 가진 용기들이 발달했다. 차피(chapi)와 사츠카오(satskhao)도 이러한 용기의 일종이다. (〈코카서스 3국의 역사와 문화〉 123-4)

● 칸찌

● 크베브리

● 사츠나켈리

● 조지아 와인 용기 쿨라

● 조지아와인 저장통과 와인용기 ▦   ● 조지아 와인과 잔 ▦

수확된 포도는 마라니(marani)라는 와인 양조장으로 가져가서 통나무 안을 깎아 만든 사츠나켈리(satsnakheli)에서 사람이 발로 눌러 압착하여 즙을 짜낸다. 추출된 포도즙은 크베브리에 담겨 숙성된다. 우리 농촌에서 마당에 김칫독을 묻듯이 크베브리도 땅 속에 파묻고 뚜껑 부분만 땅 위에 노출된다. 크베브리 내부는 밀랍과 송진으로 칠해서 흙냄새가 와인에 배지 않도록 한다. 조지아인들은 짐승 뿔로 만든 칸찌(quantsi 또는 kantsi)나 동물 외피로 만든 용기로 와인을 마시기도 했다. 각 지역에 따라 마라니(marani), 아자르페샤(azarpesha), 칸찌(quantsi), 쿨라(kula), 크닌츠카(kninchkha), 피알라(piala), 카르카라(qarqara), 찐질라(chichilla) 등 다양한 이름으로 불리는 나무, 점토, 구리, 은 등으로 만든 와인 컵과 용기를 가지고 있다.

와인은 조지아의 주산품이자 수출품이다. 2010년 기준으로 약 70종의 와인을 1,100만 병 생산하여 45개국에 수출하였다. 조지아 와인 주요 수입국은 러시아, 우크라이나, 카자흐스탄, 벨라루스, 폴란드, 라트비아 등 구소련권 국가이다. 프랑스, 이탈리아, 미국 등의 유명 와인 브랜드와 경쟁하기 위해서는 포도 재배, 선별, 양조에서 좀 더 엄격한 품질관리와 대규모 투자를 필요로 한다. 한마디로 조지아 와인은 자본주의적 생산 방식보다는 전통 방식으로 이어져 내려온 양조법에 의해 만들어진 소박한 고품질의 와인이라고 할 수 있다. 장미 혁명으로

집권한 샤카쉬빌리 정권과 러시아의 관계가
악화되자 2006년 러시아는 조지아 와인과 조
지아 산 광천수의 수입을 전면 금지하기도 했
다. (《Georgia》 03-5, 〈코카서스 3국의 역사와 문화〉,
128) ✼

● 조지아 와인 사페라비

● 크베브리가 땅에 묻혀있는 와인저장고

국제적으로 널리 알려진 조지아 와인

레드 와인

사페라비(Saperavi), 무쿠자니(Mukuzani), 킨즈마라울리(Kindzmarauli)
아칼셰니(Akhalsheni), 크바렐리(Kvareli), 아크메타(Akhmeta),
츠카베리(Chkhaveri), 크반츠카라(Kvanchkara)

화이트 와인

치난달리(Chinandali), 트비쉬(Tvishi), 구르자아니니(Gurjaani), 마나비(Manavi),
나파레울리(Napareuli), 르카치텔리(Rkatsiteli)

세미드라이(semidry) 와인

레드 와인 - 피로스마니(Pirosmani), 바라코미(Barakomi)

화이트 와인 - 트빌시수리(Tbilisuri)

디저트 와인

카르나다키(Kardanakhi), 아나가(Anaga), 시그나기(Sighnagi),
이베리아(Iveria), 사아모(Saamo), 살키노(Salkhino), 아테누리(Atenuri),
사다르바조(Sadarbazo)

조지아 브랜디와 짜짜(Chacha)

브랜디

바르지아(Vardzia), 사카르트벨로(Sakartovelo), 트빌리시(Tbilisi),
에니셀리(Eniseli), 카즈베키(Kazbeki), 바르치케(Vartsikhe), 에그리시(Egrisi)

짜짜(Chacha)

짜짜는 조지아식 증류주(aquavit)로 포도과즙을 오크통에 넣어 숙성시켜 만든다.
50도가 넘는 독주로 만들기도 하며, 도시인들은 포도 수확철이 되면 포도산지를
다니며 농민들이 직접 만든 차차를 사오기도 한다.

*르트벨리(Rtvelli) - 10월 초에 열리는 포도 수확 축제

(<Georgia2> 95-8) (<Georgia>, 103-5)

우리 흥부전과 너무 유사한 포도씨와 와인 전설

포도와 와인의 기원에 대한 조지아의 전설은 우리의 흥부놀부 이야기와 신기할 정도로 비슷하다.

먼 옛날 호라산 왕과 바담 왕자가 신하들과 함께 높은 성탑에서 들판을 관찰하고 있을 때, 뱀 한 마리가 파스쿤지(Paskunji)라는 마법의 새의 목을 감고 있었다. 바담 왕자는 바로 활을 꺼내 화살로 뱀을 명중시켜 이 새의 목숨을 구했다. 이 마법의 새는 왕자 일행 머리 위를 두 바퀴 돈 다음 북쪽의 고향으로 향했다. 1년이 지난 후 왕자 일행이 다시 성탑에 올랐을 때 이 파스쿤지라는 마법의 새가 나타나 부리로 물고 온 씨앗을 땅에 떨어뜨렸다. 왕은 "우리가 작년에 구해준 파스쿤지가 감사의 표시로 이 선물을 가져왔다."라고 외쳤다. 신하들은 이 씨앗을 자세히 살펴보았으나, 어느 식물의 씨앗인지를 알 수 없었다. 이 씨앗을 땅에 심자 줄기가 올라오고 포도열매가 열렸다. 사람들은 포도를 짜서 즙을 만든 후 일정 기간 나누니 포도즙이 발효가 되면서 투명한 액체가 만들어졌다. 신하들은 이 즙이 독(毒)일수도 생각하고, 사형수에게 먼저 이 즙을 마셔보도록 했다. 포도즙을 마신 사형수는 기분이 좋아져 잠이 들었다. 신하들은 잠자는 그를 깨워서 무슨 일이 일어났는지를 물었다. 그러자 사형수는 왕에게 이렇게 대답했다. "내게 준 즙이 무엇인지는 모르지만, 이 즙은 아주 대단합니다. 나는 내 눈이 맑아지고, 기분은 더할 나위없이 행복했으며, 나와 왕과 귀족 사이의 불평등을 느끼지 못했습니다." 이 말을 들은 왕은 나라 전체에 포도 재배를 권장하고 와인 제조가 이 나라의 큰 산업이 되었다. 오마르 카얀은 첫 포도나무가 자란 정원이 있는 곳이 샤흐미란(Shahmiran)이라는 도시이고, 이 도시에는 100종이 넘는 포도나무가 자라고 있다고 했다. 여러 나라에 와인의 기원에 대한 전설이 있지만, 이 전설이 가장 오래된 것이고, 조지아의 동화에 나오는 "씨앗(tsiptsa)" 전설과도 내용이 비슷하다. (《Georgia》 102-3, 〈코카서스 3국 역사와 문화〉, 124-5에서 재인용)

◉ 조지아 포도 농장

조지아 요리 힌칼리, 카르초, 초호빌리 등

조지아
음식 문화

조지아의 전통 요리는 와인과 함께 조지아 문화의 중요한 부분을 이룬다. 일가친척이나 손님과 함께 하는 식사는 수프라라는 특별한 이름으로 축제처럼 진행된다. 수프라를 이끄는 주빈인 타마다도 조지아 문화의 특징 중 하나이다.

조지아의 환대, 수프라(Supra), 타마다(Tamada)

조지아 문화의 특징 중 하나는 따뜻한 손님 환대이다. 조지아 사람들은 손님을 하늘이 보낸 선물이라고 여긴다. 조지아 가정에 식사 초대를 받으면, 이를 기꺼이 응락하는 것이 예의다.

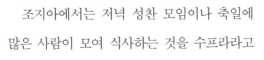

조지아에서는 저녁 성찬 모임이나 축일에 많은 사람이 모여 식사하는 것을 수프라라고

한다. 수프라에는 여러번 건배가 이어진다. 수프라에서 식사를 이끌어

가며 건배를 제안하고 지명하는 사람을 "타마다"라고 부른다. 타마다
는 건배를 할 사람을 선정하고, 특별한 건배를 위해 앉은 사람들에게
는 와인이 가득 담긴 조지아 전통 잔인 동물 뿔로 만든 "칸찌"가 전
달된다. (조지아에서는 맥주의 경우 오직 적을 상대로 건배할 때만 쓴다. 그래서
맥주로 건배하는 것은 삼가는 것이 좋다.)

● 타마다가 주재하는 수프라

식사 예절

조지아의 식사 예절은 단순하고 여유롭다. 조지아인들에게 식사는 다 같이 모여서 함께 즐길 수 있는 시간이다. 식사할 때 포크는 왼손에 나이프는 오른손에 드는 것은 다른 곳과 같다. 식사할 때는 손을 잘 보이게 하고 테이블 위에 팔꿈치를 올려놓는 것은 예의에서 벗어난다. 손님으로 초대받아 갔으면, 가능하면 상에 나온 모든 요리를 먹어보아야 한다. 호스트가 여러 번 음식을 권할 때 이를 기꺼이 받아들이고 잘 먹는 것이 호스트를 기쁘게 하는 방법이다. 그래서 처음부터 너무 빨리 많은 음식을 먹지 않는 것이 좋다. 음식을 접시에 남기지 말고 깨끗하게 비우고, 활발한 대화에 같이 적극 참여하는 것이 좋다.

조지아의 지역별 음식 특색

조지아 음식은 별도의 왕국을 이루었던 동부와 서부의 역사적 배경으로 두 지역 간의 차이가 존재한다. 서부 지역에서는 야채에 호두를 넣은 음식이 많다. 허브와 향신료, 특히 타라곤, 바질, 고수, 후추를 많이 넣은 서부 조지아 음식은 매운 맛이 강하다. 치즈는 보통 소젖으로 만들며 빵이나 므짜디(옥수수 빵)와 같이 먹는다. 동부 지역에서는 육류 음식이 선호되며 양고기와 돼지고기로 만든 요리가 많다. 투셰티

(Tusheti) 지역에는 양우유로 만든 치즈가 인기가 있다. 산악 지역 주민들이 즐겨 먹는 음식은 고기만두 요리인 힌칼리(khinkali)이다. 야채로는 토마토, 감자, 무, 호박, 가지, 콩, 오이, 양배추가 요리에 많이 들어가고 가장 인기 있는 양념인 뜨께말리(tkemali)는 야생 자두로 만든다. 호두나 석류 주스를 주원료로 만든 양념도 많이 쓰인다. 어류로는 송어를 일반적으로 많이 먹는다. 포도 주스와 밀가루 또는 옥수수 가루가 섞인 말린 과일과 견과류는 겨울에 즐겨 먹는다. 잼이나 피클은 과일, 덜 익은 호두, 수박, 가지, 녹색 토마토 등으로 만든다.

구리아 요리

구리아 요리는 가금류를 재료로 많이 사용한다. 특히 닭고기와 므짜디 빵을 호두 소스를 넣어 요리한다. 구리아 요리 중 가장 인기가 있는 것은 사치비(satsivi − 닭고기를 호두 소스에 요리), 므짜디. 꾸빠띠(kupati − 돼지고기로 만든 소시지), 바드리자니 니그브지트(Badrijani Nigvzit − 가지를 호두 소스에 요리), 프할리, 쿠쯔마찌(kuchmachi − 소 · 돼지 간을 호두 소스에 요리) 등이다.

이메레티 요리

이메레티 요리 중 대표적인 것은 생 치즈와 하차뿌리다. 므짜디(Mchadi)와 하차뿌리는 보통 이곳에서 점토로 만든 화덕인 께치(Ketsi)에서 만든다. 이메레티에서는 프할리를 호두와 식초로 조리하며, 구운 고기를 마늘을 넣은 물 또는 소스에 담가 조리한다. 전통적으로 버섯 요리도 발달했다. 샴피뇽이나 민달걀버섯(amanita caesarea)으로 만들거나 소금에 절인 뽕나무버섯으로 만든 조림을 많이 먹는다. 호두 또는 익은 가지로 양념한 팥요리 인 로비오도 즐겨 먹는다.

● 하차뿌리를 구어내는 화덕

카르틀리 요리

카르틀리에는 과수재배가 발달되어 있으며, 주로 사과 및 복숭아를 재배하고, 다양한 품종의 포도도 재배한다. 카르틀리 요리는 수프나 스튜가 유명하다. 코르넬리안 체리, 나도수영(mountain sorrel)으로 만든 전통적 스프와 빵 스튜를 즐겨 먹는다. 카케티 지역과 마찬가지로 여기서는 다양한 허브와 채소가 요리에 사용된다. 카르틀리는 맛있는 피클로 유명하고, 그중에서 특히 주목할만한 것은 케이퍼(caper) 피클이다.

메그룰리(Samegrelo) 요리

메그룰리 요리는 술구니(Sulguni)(생 치즈)를 넣은 다양한 요리가 유명하다. 고미(Ghomi)(제분한 옥수수 가루 죽), 엘라르지(Elarji)(고미 안에 으깨 넣은 술구니), 게브잘리아(Gebjalia)(박하로 양념된 치즈 롤), 끄발람끄바리(Kvalamkvari)(삶은 하차뿌리), 주르자니(Jurjani)(양념한 창자)를 즐겨 먹는다. 메그룰리 요리는 전반적으로 매운 맛이 특징이다. 매운 맛을 내는 양념으로는 메그룰리 아지까(Ajika)(매운 빨간 고추 소스)와 뜨케말리(Tkemali) 소스(야생 자두)가 있다. 메그룰리 하차뿌리는 레스토랑에서 인기가 많은 메뉴다.

스바누리 요리

스바누리 요리에도 메그룰리 요리와 마찬가지로 술구니(생 치즈)를 넣은 요리가 많다. 전통적인 음식은 거칠게 빻은 옥수수 가루 및 술구니로 만든 옥수수빵 쯔비쉬따리(Chvishtari)이

● 술구니 치즈

다. 그리고 빵 반죽에 작게 썬 고기를 넣어 만든 꿉다리(Kubdari)도 유명하다. 치즈와 감자 반죽으로 만든 퓌레인 타쉬미자비(Tashmijabi)도 독특하다. 양념으로는 스바누리 소금이 유명한데, 스바누리 소금은 고추 및 다양한 향신료와 함께 요리에게 독특한 맛을 더한다.

전통 의례에서의 음식 풍습

새해 축제 때는 고지나키(Gozinaki)(꿀과 같이 삶은 호두)와 같이 사치비 (Satsivi)(호두 소스에 잰 칠면조고기 또는 닭고기)를 만든다. 부활절 식사에 는 빨간 색으로 삶은 달걀과 돼지고기와 양고기 구이 및 바닐라와 향 신료가 들어간 특별한 케이크인 빠스까(Paska)가 포함된다. 장례를 치 른 후 40일 동안 꼬르꼬티(Korkoti)(호두와 꿀이 들어있는 밀가루 죽)를 먹 는다.

● 조지아 전통시장의 추르츠헬라

주요 조지아 요리

수프

- 하르초(Kharcho) - 고기와 쌀로 만든 수프. 후추를 많이 넣어 매콤함

- 하시(Khashi) - 양과 소의 다리 고기에 마늘을 넣어 만든 수프. 아침에 주로 먹고 숙취해소에 효과가 큼

● 하르초

- 고미(Ghomi) - 옥수수 알갱이를 빻아서 오래 저으며 만든 스프. 뜨거운 옥수수 퓌레 한가운데 치즈를 얹은 술구니(sulguni)와 같이 나오는 경우가 많음

빵

- 뿌리(Puri) - 주식으로 먹는 빵으로 둥글고 딱딱한 껍질이 있거나 긴 모양으로 설굽기도 한다

- 므짜디(Mchadi) - 옥수수로 만든 빵

- 하차뿌리(Khachapuri) - 치즈와 달걀 등을 가운데 넣어 화덕에 구운 빵. 조지아식 피자로 볼 수 있음

- 이메룰리(Imeruli) - 이메룰리 치즈로 만든 가정식 빵. 이메레티 지방에서 유래됨

○ 므짜디　○ 하차뿌리

- 아츠마(Achma) - 밀가루 반죽, 치즈, 버터를 여러 층으로 쌓아 만든 음식. 라자냐(lasagna)와 유사. 아자라(Adjara) 지방에서 유래됨

- 아짜룰리(Ajaruli) - 아자라 지방에서 유래한 빵으로 이메렐리와 유사하나 가운데 달걀을 넣음

- 페노바니(Penovani) - 여러 층으로 만든 하차뿌리

- 로비아니(Lobiani) - 강낭콩을 물에 불려 절구로 빻은
  다음 고수풀과 움발로라고 불리는 박하향 나는 양념과
  함께 토기에 넣어 끓인 요리

- 쇼티(Shoti) - 카케티 지역에서 주로 먹은 길쭉한 모양의 빵

- 아츠마(Achma) - 치즈와 빵을 여러겹으로 만든 요리

- 꿉다리(Kubdari) - 양고기, 돼지고기 등을 양념,
  양파와 함께 빵 안에 넣어 만든 요리

◦ 페노와니 ◦ 쇼티

- 로비아니(Iobiani) - 콩을 넣어 만든 하차뿌리

- 로비오(Lobio) - 양념을 넣은 으깬 콩 요리

- 마쪼니(Matsoni) - 신 요구르트의 일종

- 무주지(Muzhuzhi) - 돼지고기 젤리

- 나두기(Nadughi) - 우류로 만든 크림

- 프할리(Pkhali) - 양배추, 가지, 시금치, 콩 등을 호두,
  식초, 양파, 마늘 및 허브와 섞어 만든 조지아 전통 요리.
  녹색과 붉은색 두 가지로 나온다.

◦ 프할리

- 사치비(satsivi) - 칠면조, 닭고기 등을 호두 소스로 요리

- 술구니(Sulguni) - 생 치즈

- 차나키(Chanakhi) - 토마토를 통째로 구워 만든 요리. 완두콩과 마늘, 가지, 양고기
  등이 들어감.

- 힌칼리(Khinkali) - 종 모양의 만두, 만두속으로 간 소고기, 돼지고기, 양고기와 양념이 들어감. 힌칼리를 전문으로 하는 식당은 사힌클레(sakhinkle)라고 불림

- 므츠바디(Mtsvadi) - 소고기나 양고기를 쇠꼬챙이에 끼어 장작불에 구워낸 고기. 코카사스와 옛소련 지역에 널리 퍼진 음식으로 샤슬릭으로 불림

- 꾸쯔마찌(Kuchmachi) - 이메레티의 대표적 요리로 소, 돼지 창자로 만든 요리

힌칼리 🏁   므츠바디 🏁

- 사치비(Satsivi) - 칠면조(때로는 닭고기)를 큰 조각으로 썰어 옥수수 가루, 호두 가루 등을 곁들여 구워냄.

- 바스뚜르마(Basturma) - 공기에 건조시킨 소고기를 얇은 두께로 썰어 구워냄.

- 차카풀리 (Chakapuli) - 양고기 스튜

- 차호흐빌리(Chakhokhbili) - 닭고기 스튜

- 따바까(Tabaka) - 아지카 양념으로 만든 로스트 치킨

샤슬릭이 놓인 식탁 🏁

- 톨마(Tolma) - 중앙아시아 돌마(Dolma)의 조지아 버전 음식, 양배추나 포도잎 안에 고기를 넣고 삶는다.

- 쉴라플라비(Shilaplavi) - 양고기에 양념과 야채를 넣어 만든 필라프.

● 아지까 🏳
● 추르츠헬라 🏳

● 조지아식 식탁 🏳

디저트

- 나두기(Nadugi) - 민트를 넣은 응유

- 마초니(Machoni) - 조지아식 요구르트

- 추르츠헬라(Churchkhela) - 포도와 호두로 만든 막대 사탕

- 고지나키(Gozinaki) - 호두에 꿀과 설탕을 부어 만듦

양념류

- 뜨케말리(Tkhemali) - 체리로 만든 양념

- 아지까(Azhika) - 매운 칠리 고추로 만든 양념

- 바제(bazhe) - 갈은 호두, 호두 오일, 물, 크멜리-수넬리(khmeli-suneli)라는
  조지아 양념으로 만듦

조지아 전통의상을 입은 인형

Georgia

조지아 명소와
지역 특색

● 나라칼리 요새를 배경으로 한 구시가지 전경

트빌리시(Tbilisi)

트빌리시(Tbilisi თბილისი)

5세기에 서부 조지아를 장악한 이베리아의 바흐탕 고르가살리가 므트크바리(Mtkvari) 강변에 이 도시를 만든 이후 여러 왕국의 수도가 되었다. 1801년 제정러시아가 조지아를 병합한 후 총독부가 위치했다. 현재 인구는 약 120만 명이다. 전설에 따르면 바흐탕 고르가살리는 트빌리시 인근에서 사냥을 하던 중 온천을 발견했다고 한다. 그의 사냥매가 꿩을 잡았는데, 둘 다 사라져 버렸다. 왕의 사냥개가 두 새가 사라진 지점으로 달려가니, 매와 꿩은 뜨거운 유황 온천에 빠져서 이미 익은 상태였다. 바흐탕은 이 자리에 왕국의 수도를 세우기로 결정하고 "뜨거운 물"이라는 이름을 붙였다고 한다.

*어원 – 트빌리시는 1936년 이전까지는 티플리스(Tiflis)라고 불렀다. 두 명칭 모두 뜨거운 온천에서 유래한다. 유황 온천이 많았기 때문에 이 지역은 '뜨거운 물이 나오는 장소'라고 불렸는데, 이런

의미를 지닌 고대 조지아어 트필리(tpili)가 어원이다. 전통적으로 영어나 기타 외국어에서는 티플리스(Tiflis)로, 조지아어로는 트필리시(Tpilisi თფილისი)로 쓰였다. 1936년 소련의 여러 지명을 원어에 가깝게 바꾸면서 조지아 언어학자들의 제안에 의해 '트필리'보다 좀 더 후에 사용된 어원을 바탕으로 트빌리시로 명칭을 바꿨다. 그러나 터키어, 페르시아어, 그리스어, 독일어 등에서는 아직도 티플리스가 쓰인다. (〈코카서스 3국 문학 산책〉, 16)

● 조지아 지도

트빌리시 – 불멸의 도시

요즘 트빌리시를 찾는 방문객들은 언덕이 많은 조지아의 수도에서 차분한 남유럽의 분위기를 느낄 수 있다. 구불구불한 길과 오래된 건물들, 유명한 장식용 발코니는 방문객들에게 우아하고 편안한 느낌을 주며 오랫동안 지워지지 않는 인상을 남긴다. 그러나 트빌리시의 운명은 그렇게 평온하지 않았다. 수많은 외침으로 인해 힘든 운명을 헤쳐 왔으며, 황금기에서 파멸의 나락으로 떨어졌다가, 다시 회복과 부흥의 시간을 맞았다. 트빌리시는 많은 정복자들 밑에서도 끈질긴 생명을 이어온 위대한 도시이다.

트빌리시의 역사

이 지역에는 이미 기원전 4천년부터 사람이 거주했던 것으로 추정된다. 코카서스를 관통하는 무역로의 중심에 위치하고 전략적 가치가 컸던 트빌리시는 빠르게 성장하고 번영하여 해외에도 널리 알려지게 되었다. 6세기부터 11세기 말까지 페르시아, 비잔틴, 아랍, 카자르, 셀주크 투르크에 차례로 점령당한 트빌리시는 12세기 초 다비트 대왕과 12세기 말 타마르 여왕 때 황금기를 맞았고, 몽골 지배와 티무르의 침입으로 다시 황폐해졌다. 16세기부터 18세기까지 오스만 투르크와 사파비드 이란 왕조에 교차적으로 지배를 받은 후, 18세기말부터 약 200

년간은 러시아와 소련의 지배를 받았고, 1991년 마침내 독립 조지아의 수도가 되었다. 이러한 다양한 외세의 침략과 지배시기를 거쳐오면서 트빌리시는 조지아 고유의 전통적 모습 위에 다양한 동서양 문화를 흡수하여 독특한 분위기를 풍기는 도시가 되었고, 코카서스적 전통과 특징을 가장 잘 간직한 도시로 평가된다.

오늘날의 트빌리시

오늘날 트빌리시는 약 120만 명의 인구가 므트크바리 강 양안에 펼쳐진 평원과 구릉지대에 살고 있는 고대와 현대가 혼합된 도시이다. 도시의 핵심인 구시가지(Old Tbilisi)에는 오래된 중세 성당과 우아한 장식용 발코니를 자랑하는 오래된 집들이 몰려있다.

2003년 장미혁명 이후 트빌리시는 조지아의 교통과 무역의 중심지로서 빠르게 발전하고 있다. 외국인 투자로 건설붐이 일어났고, 부동산 경기도 활발하다. 세계 여러 나라에서 오는 관광객들로 관광이 주요 산업의 하나가 되었다. 조지아의 오랜 역사와 손님 환대의 전통, 전설적인 조지아 와인과 음식은 매년 늘어나는 외국 관광객을 끌어들이는 요인이며 한국인 관광객도 2만 명 이상(2019년 기준) 트빌리시를 방문한다.

트빌리시에는 성당이 많고, 조지아 정교회 총대주교좌가 있는 곳

트빌리시 전경   트빌리시 삼위일체 성당

이다. 총대주교 일리야 2세는 현재 트빌리시에 거주하고 있으며, 정치 소요나 사회적 동요가 발생할 때는 적극적으로 시민 생활에 관여하며 정신적 지주 역할을 한다. 시내에는 사메바(Sameba) 성당, 시오니(Sioni) 성당, 전국 각지에서 순례자들이 찾는 안치스카티(Anchiskhati)

성당 등 유명한 성당들이 모여 있다. 트빌리시에는 많은 대학들이 있는데, 1918년 설립된 이반 자바키쉬빌리 트빌리시 국립대학이 가장 역사가 깊다.

● 트빌리시 전경

● 루스타벨리 거리와 자유 광장

구시가지

● 루스타벨리(Rustaveli) 거리

트빌리시의 중심거리인 루스타벨리 거리(Rustaveli Avenue)는 조지아의 국보적인 중세 서사시 〈호랑이 가죽을 두른 용사〉를 쓴 중세 조지아 시인 쇼타 루스타벨리(Shota Rustaveli)의 이름을 딴 거리이다. 자유 광장에서 시작되는 루스타벨리 거리는 1.5킬로미터 정도이고, 거리 양쪽에는 정부, 공공, 문화 및 비즈니스 건물들이 위치하고 있다. 조지아 의회, 조지아 국립 오페라 극장, 루스타벨리 국립아카데미 극장, 조지아 과학아카데미, 카슈베티(Kashveti) 성당, 조지아 국립미술관 등이 자리 잡고 있다. 이 거리는 아름다운 건축물뿐만 아니라 거리를 장식한 가로수가 우아한 자태를 더해준다.

루스타벨리 거리가 직선으로 곧게 뻗지 않고 중간에 지그재그식 굴곡이 있는 배경에는 전통을 보존하려는 아름다운 노력이 있었다. 거리 건축 공사가 시작되었을 때 건축가들은 교회든 정원이든 보존해야 할 건축물에 부딪치면 그것을 철거하지 않고 이를 우회해서 길을 만들었다고 한다. 1989년 4월 9일에 루스타벨리 거리 중앙에 위치한 정부 청사 앞에서 시위를 하던 수만 명의 시민들이 소련 정규군의 잔인한 진압으로 많은 사상자를 낸 비극이 발생했다. 지금도 4월 9일은 국가적 기념일로 지켜진다.

- 트빌리시 유황 온천

전설에 나온 것처럼, 뜨거운 물이 나오는 온천을 발견한 것이 트빌리시가 수도가 된 주된 이유이다. 유황 온천들은 주로 아바노트우바니(Abanotubani)에 모여 있다. 요즘 유황 온천은 관광 명소가 되어 돔 지붕 아래에서 전통적인 마사지를 받기 위해 많은 사람들이 유황온천을 방문한다. 유황을 함유한 40-50°C의 온천물은 피로와 긴장을 풀어줄 뿐만 아니라, 습진 및 건조한 두피와 피부 질환을 치료하고, 관절염, 소화 불량 및 불면증 치료에도 큰 도움이 된다고 한다.

- 나리칼라 요새(Narikala Fortress)

나리칼라는 조지아의 수도인 트빌리시와 므트크바리 강을 내려다보는 언덕 위에 지어진 고대 요새이다. "트빌리시의 어머니 요새(the Mother Fortress of Tbilisi)"라고 불리기도 하는 이곳은 4세기에 건립되었다. 당시에는 슈리스-치케(Shuris Tsikhe)(Invidious Fort: 부러움을 느끼게 하는 요새)로 알려졌다. 나리칼라라는 명칭은 페르시아어의 "성채"라는 단어에서 나온 것으로 알려져 있지만, 다른 설명에 의하면 몽골어의 "작은 요새"라는 단어에서 나온 것이라 한다. 7~8세기에 아랍인들이 요새를 크게 확장했고, 내부에 에미르를 위한 궁전을 지었다. 다비드 대왕은 12세기에 건축가들을 동원해 요새를 확장했다. 1827년에는

조지아 유황온천 　 나리칼라 요새

큰 지진으로 피해를 입었다. 요새 벽 안에 있는 성 니콜로스 교회는 12
세기에 세워졌다. 나리칼라 요새는 뛰어난 트빌리시 파노라마 전경을
제공한다.

　*트빌리시에는 아직 대한민국대사관이 없고, 주 아제르바이잔 대사
　관이 관할하는 트빌리시 분관이 있다. 주 아제르바이잔 대사가 조
　지아 대사를 겸임한다. (주소: I. Chavchavadze Avenue, 1st Lane #8, Vake,
　Tbilisi 0179, Georgia)

● 조지아 어머니 동상

● 카르틀리스 데다(Kartlis Deda) - "조지아 어머니" 동상

카르틀리스 데다 또는 "조지아의 어머니"는 트빌리시의 언덕에 우뚝 솟은 기념비이다. 1958년 솔로라끼(Sololaki) 언덕 정상에 세워진 이 동상은 유명한 조지아 조각가 엘구자 아마슈켈리(Elguja Amashukeli)가 20미터 높이로 알루미늄를 소재로 디자인해서 만들었다. "조지아 어머니" 동상은 조지아 민족의 성격을 상징하며, 왼손에는 친구로 오는 사람들을 환영하기 위한 와인이 가득 찬 잔이 있으며, 오른손에는 적을 맞기 위한 칼이 들려 있다.

● 국립박물관(State Museum)

조지아 국립박물관 또는 시몬 자나시아(Simon Janashia)박물관은 조지아의 주요 역사박물관 중 하나로 중요한 고고학 유물들을 전시하고 있다. 1852년 루스타벨리 거리에 만들어진 이 박물관은 1947년 역사가 시몬 자나시아의 이름을 따서 명명되었다.

박물관에는 조지아와 코카서스의 고고학과 민속 유물과 문서가 상설 전시되어 있고, 기원전 5세기의 보석, 동전, 아이콘, 우라르투어 비문 등 고대부터 20세기까지의 조지아 문화의 역사와 유물을 보관하고 있다. 이곳에서 세계 최초 추상미술 작품인 1900년대 초 칸딘스키가 그린 그림도 볼 수 있다.

● 화폐박물관(Museum of Money)

화폐박물관은 조지아국립은행 건물에 위치하고 있다. 박물관에는 6세기부터 20세기까지의 화폐의 역사를 보여주는 동전, 화폐 등이 전시되어 있다. 콜키스 왕국 시대에 사용된 테트리(Colchian tetri), 고대 시대의 동전, 페르시아 사산 왕조의 드라크마(drahma), 아랍 지배 시대의 디르헴(dirhem), 조지아 왕조 시대에 사용된 동전들인 데메트레 1세, 기오르기 3세, 타마르 여왕 때 사용된 동전들과 터키, 이란, 오스트리아, 폴란드 및 세계 여러 나라의 화폐가 전시되어 있다.

● 시오니 대성당(Sioni Cathedral)

시오니 대성당은 조지아 정교회의 본좌 성당이다. 5세기말에 건축이 시작되어 7세기 전반에 완공되었다. 명칭은 예루살렘을 지칭하는 시온을 기린다. 시오니 성당에는 조지아 정교회 총대주교의 관저가 있다. 성당에는 조지아에 기독교를 전파한 성 니노의 십자가(두 개의 포도나무로 만들어졌으며, 성녀의 머리카락으로 묶여있음)가 보관되어 있다. 이 십자가는 조지아의 가장 소중한 유물로 여겨진다. 시오니 성당은 외침에 의해 여러 번 파괴되었지만, 조지아인들은 그 폐허에서 성당을 다시 건축했다.

● 시오니 대성당

*트빌리시의 거리 명칭 중 쿠차(kucha)는 거리(street), 감지리(gamziri)는 대로(avenue), 모에다니(moedani)는 광장을 뜻한다.

● 므츠케타의 스베티츠호벨리 대성당 🕀

트빌리시 인근

● 므츠케타(Mtskheta)

므츠케타는 조지아의 므츠케타-미티아티 지방에 있는 도시다. 조지아에서 가장 오래된 도시 중 하나이며, 트빌리시에서 북쪽으로 약 20km 지점, 므트크바리강과 아라그비강이 합류한 곳에 위치한다.

역사적으로 중요한 의미를 가지며 여러 문화 유적지로 인해 "므츠케타의 역사적 기념물"은 1994년에 유네스코 세계 문화유산이 되었다. 조지아에서 기독교 중심지인 므츠케타는 "성스러운 도시(Holy city)"로 선언되었다.

● 고리(Gori) 시

고리는 조지아의 동부에 위치한 도시이며, 시다 카르틀리 지역의 행정 중심지이다. 그 이름은 조지아어 "고라(Gora გორა)", 즉 "언덕(hill)"에서 유래했다. 고리는 중세 시대 중요한 군사 요새였으며, 동부와 서부 조지아를 연결하는 고속도로에 위치하기 때문에 전략적 중요성이 컸다. 오랜 역사 동안 고리는 여러 차례 외국 군대의 침략을 받았고, 2008년 러시아-조지아 전쟁 중에는 러시아군에 의해 점령되었다. 언덕 위에 자리 잡은 고리 요새는 기원전 65년 로마의 폼페이우스가 포위했던 것으로 전해지고, 현재 남아 있는 흔적은 중세 시대와 17세기에 건축된 요새의 잔재이다. 산꼭대기에 자리 잡은 성당은 1920년 대 지진으로 크게 파괴되었다.

고리는 또한 소비에트 지도자 요시프 스탈린, 탄도 미사일 개발자 알렉산더 나디라제(Aleksandre Nadiradze), 철학자 메랍 마마르다슈빌리 (Merab Mamardashvili)의 출생지로 유명하다.

*스탈린 박물관

고리에서 태어난 소련 지도자인 이오시프 스탈린을 기리는 박물관은 소련식 박물관의 특징이 많이 남아있다. 박물관은 1957년 스탈린에게 공식적으로 헌정되었고, 소련 붕괴와 조지아 독립 운동으로 인해 1989년에 문을 닫았다가 다시 문을 열었으며 현재 많은 외국 관광객이 찾는 인기 있는 관광 명소 중 하나이다. ✳

● 고리지역　● 스탈린 박물관

서부
지역

● 쿠타이시(Kutaisi)

쿠타이시는 조지아에서 세번 째로 인구가 많은 도시로, 전통적으로 수도 트빌리시 다음으로 중요한 도시로 여겨진다. 리오니(Rioni)강에 위치한 쿠타이시는 이메레티 서부 지역의 수도이다. 쿠타이시는 기원전 5~6세기에 고대 콜키스 왕국의 수도였다. "황금의 양털" 전설에서 이아손은 황금의 양털을 찾기 위해 아르고호를 타고 콜키스 왕국으로 왔다. 그리스 서사시에서 아폴로니우스 로디우스는 이들의 최종 목적지가 쿠타이시에 있는 아예테스(Aeëtes) 왕의 거주지라고 기술했다.

1008년부터 1122년까지 쿠타이시는 조지아의 수도였고, 15세기부터 1810년까지는 이메레티 왕국의 수도였다. 1508년 쿠타이시는 오스만 제국의 셀림 1세에 의해 정복되었다.

2011년 미케일 사카쉬빌리(Mikheil Saakashvili) 대통령은 의회를 쿠타이시로 이전하는 헌법 개정안에 서명했고, 2012년 5월 쿠타이시에

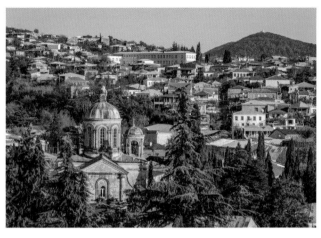

쿠타이시 전경   리오니강과 쿠타이시

새로운 국회 의사당 건물이 건축되었다. 의회 이전은 의회를 약화시키고 소외시키기 위한 것이라는 비난을 받았지만, 이것은 권력을 분산시키고, 정부 권력기관을 분리독립 운동을 전개하고 있는 압하지아에 더 가깝게 위치시키기 위한 노력의 일환이었다.

● 겔라티(Gelati) 수도원

겔라티는 쿠타이시 인근의 중세 수도원이다. 조지아 황금시대의 걸작인 겔라티는 1106년 조지아의 다비트 대왕에 의해 건축되었으며, 현재 유네스코 세계 문화유산으로 등재되어 있다.

겔라티 수도원의 별명은 "조지아의 황금시대"이다. 수도원은 비잔틴 제국의 양식을 따라 지어졌으며 비잔틴 제국의 회화와 금장식 미학을 사용하는 것으로 유명하다. 내부를 장식한 벽화와 다양한 이미지를 자랑하는 이 수도원은 조지아 최초의 수도원 중 하나이며, 조지아 문화유산 중 가장 중요한 건축물로 손꼽힌다.

- 바니(Vani)

바니는 서부 조지아의 이메레티 지방에 위치한 도시로, 쿠타이시에서 남서쪽으로 41킬로미터 떨어진 술로리(Sulori)강변에 위치하고 있다.

1947년 이후 바니에서 수행된 고고학 발굴 작업으로 이 도시가 고대 콜키스 왕국의 도시였음이 밝혀졌다. 바니에는 1985년 박물관이 설립되어 고대 콜키스 왕국의 독특한 유물들을 전시하고 있다.

- 포티(Poti)

조지아의 가장 중요한 항구 중 하나인 포티는 서쪽의 사메그렐로-제모 스바네티(Samegrelo-Zemo Svaneti) 지역의 흑해 연안에 위치하고 있다. 고대 그리스 식민지인 파시스(Phasis) 인근에 세워진 이 도시는 20세기 초부터 주요 항구이자 산업 중심지가 되었다.

- 말타크바(Maltakva)

포티 남쪽 3km에 자리 잡은 해변이다. 기원전 4세기 히포크라테스는 이 지역의 거주민들의 생활관습에 대한 글을 남기기도 했다.

- 주그디디(Zugdidi)

주그디디는 서부 조지아에 위치한 사메그렐로(Samegrelo/Mingrelia)에

서부 지역

149

● 바투미 야경

위치한 도시다. 주그디디는 트빌리시에서 서쪽으로 318킬로미터 에그리시 산맥에서 30킬로미터 떨어져 있으며 해발 100~110미터에 위치해 있다.

- 아자리아(Adjaria)

조지아의 실질적 행정력이 미치는 유일한 자치공화국인 아자리아는 조지아 남서부와 터키 북쪽의 코카서스 산맥 기슭 근처 흑해 연안에 위치하고 있다. 풍광이 뛰어난 아자라는 많은 사람이 찾는 관광지이며 조지아에서 두 번째로 큰 도시 바투미가 수도이다. 면적 2만 5천 km²에 약 35만 명의 인구가 거주하고 있다.

- 바투미(Batumi)

아자리아 자치공화국의 수도인 바투미(Batumi)는 코카서스 산맥 기슭 아열대 지역에 위치하고 있다. 관광 및 도박이 주요 산업이기는 하지만("흑해의 라스베이거스"라는 별명을 가지고 있음), 바투미는 조지아의 중요한 항구이며 조선, 식품 가공 및 경공업 산업이 발달했다. 바투미는 2010년부터 현대적인 고층 건물의 건설이 시작되고 역사적인 19세기 고전적 건축물의 복원이 활발히 진행되고 있다. ❋

● 바투미 전경

● 바투미 시가지 🇬🇪
● 바투미 대관람차 🇬🇪

● 바투미 해안 🇬🇪

북부
산악지역

◇

- 스바네티(Svaneti)

코카서스에서 가장 아름다운 산악 지역 중 하나인 스바네티에는 코카서스에서 가장 고도가 높은 정착촌들이 있다. 스바네티는 엔구리(Enguri)강과 츠케니스쯔칼리(Tskhenistskali)강이 시작되는 코카서스 산맥의 남쪽 경사면에 위치하고 있다. 조지아의 최고봉인 슈카라(Shkhara)봉도 스바네티에 있다. 쉬카라 봉의 정확한 높이는 여전히 논란의 대상이며, 공식적으로 해발 5,068미터로 알려져 있으며 일부 자료에 따르면 5,210미터이다. 코카서스에서 가장 높은 봉우리 10개 중 6개가 스바네티 지역에 있다. 최고봉의 기슭에는 우쉬굴리(Ushguli) 마을(해발 2200m)이 자리 잡고 있다. 또한 루스타벨리(Rustaveli)(4,960미터) 봉, 우쉬바(Ushba)(해발 4,710미터) 봉, 테트눌디(Tetnuldi)(해발 4,974미터) 봉도 근처에 있다.

역사적으로 스바네티는 고대 콜키스 왕국에 속했고, 이후로 에그리시 왕국(Egrisi Kingdom 일명 라지카Lazica 왕국)에 편입되었다가 중세에 조지아 왕국에 통합되었다. 스바네티는 오래전부터 위쪽 스바네티(Zemo Svaneti 현재 메스티아 지역)와 아래쪽 스바네티(Kvemo Svaneti 렌테키 지역)로 나뉘었다.

고대부터 스바네티는 이른바 조지아 보물의 숨겨진 보관소였다. 평원 지역이 전란에 휩싸일 때 소중한 보물인 교회 이콘, 십자가 및 기타 교회 또는 세속적 보물이 적들의 접근이 어려운 스바네티 산악에 보관되었다. 오늘날 메스티아 박물관에는 아직도 그러한 보물의 상당수가 보관되어 있다.

스바네티에는 아직까지 손상되지 않은 자연, 전통과 생활 습관이 남아 있다. 스바네티 타워(svanetian tower)라고 불리는 방어시설을 가진

스바네티 타워 ❏❏

오래된 집들이 여러 세기 동안 지진도 이
겨내고 손상되지 않은 상태로 그대로 남아
있다. 스바네티 타워의 높이는 20~30m이
다.

스바네티 방어탑

오늘날은 국제 등산 올림피아드가 스바
네티에서 개최된다. 스반인들은 뛰어난 사
냥꾼들이다. 사냥하는 동안 그들은 헤이즐넛 가지로 만든 특별한 스
키를 사용한다. 스바네티 산맥에는 희귀한 동물들이 사는데, 투르(tur)
(카프카스 지방의 야생 염소), 샤모아(Alpine chamois) 등이 대표적이다. 스
반인들은 조지아의 다른 지역과는 매우 다른 스반 방언을 사용하고,
스바네티의 거주민은 거의 모두 스반족이다.

● 메스티아(Mestia)

메스티아는 조지아 서쪽 스바네티 산악지대의 수도이지만, 인구가 2,600명에 불과한 작은 도시이다. 그러나 많은 관광객이 찾는 이 도시는 인프라가 잘 되어 있어서 시골 도시 같은 느낌을 주지 않는다. 메스티아는 물크라(Mulkhra)강을 따라 펼쳐진 4개의 마을(세티, 란츠발라, 레크타기, 라가미)로 구성되어 있으며, 하나의 간선 도로가 마을 전체를 가로 지른다. 대부분의 게스트 하우스, 호텔 및 레스토랑들이 이 거리에 위치해 있다

● 우쉬굴리(Ushguli)

우쉬굴리는 스바네티의 엔구리(Enguri)강 협곡 위쪽에 위치한 4개의 마을(무르크멜리, 차자시, 지비아니, 츠비뱌니)로 구성되어 있다. 유네스코 세계 문화유산으로 등재되어 있는 우쉬굴리는 고도 2,100미터에 위치해 있어 유럽에서 가장 고도가 높은 거주지 중 하나이다. 위쪽 스바네티(Upper Svaneti)에 위치한 우쉬굴리는 메스티아와 다르게 접근이 쉽지 않아서 전통 마을의 특징이 잘 보존되어 있다. 이 지역에는 70여 가구가 살고 있고, 일 년 중 6개월이 눈이 덮여 있어서, 종종 메스티아로 가는 길은 통행할 수 없다. 전형적인 스바네티 방어탑을 가진 전통적 가옥들이 마을에 산재해 있다. 마을 근처 언덕에 위치한 우쉬굴리 성모 마리아성당에도 방어탑이 있으며, 이 성당은 12세기에 세워졌다.

● 메스티아 전경 ■ ● 우쉬굴리 ■

• 라짜(Racha)

조지아 북서부 산악지대에 스바
네티와 남오세티아 사이에 위치
한 이곳은 트빌리시에서 차로 4
시간 거리(300km)에 있다. 산악
풍경과 전통 건축물들이 빼어난
경관을 만들어내는 라짜는 조지
아인과 외국인 관광객이 많이 찾
는 곳이며 최근 인프라 투자로 인
기가 높아지고 있다.

라차 지방의 호수

라차의 바라코니 성당

● 조지아 군사도로(Georgian Military Highway)

조지아 군사도로(220km)는 코카서스 산맥을
남북으로 가로지르는 산악로이며 제정러시아
의 예카테리나 여제가 처음 개통했다. 조지아
의 수도인 트빌리시에서부터 북오세티아를
거쳐 러시아의 블라디카프카스("카프카스를 점
령한다"는 뜻)로 이어지는 이 도로는 거대한 산
들 사이에 압착된 좁은 협곡들을 통과하며 놀

라운 경관을 만들어낸다. 블라디카프카스에서 테레크강 계곡을 따라
이어지다가 다랼계곡(Darial Pass)을 지난 후 카즈베기 봉과 게르게티
(Gergeti) 수도원을 지난 다음 즈바리 계곡(Jvari Pass)에서 2,400미터의
고도에 이른다. 아나누리 요새를 거쳐 조지아의 고대 수도 므츠케타
를 통과한 후 조지아의 동-서 고속도로와 연결된다.

● 아나누리(Ananuri)

아나누리는 트빌리시에서 약 72킬로미터 떨어진 아라그비 강가에 자
리 잡은 성(城) 구역이다. 아나누리는 13세기부터 이 지역을 지배한
봉건 왕조인 아라그비(Aragvi)의 에리스타비(공후)의 성이자 중심지였
다. 수많은 전투가 벌어졌던 아나누리 요새는 두 개의 성으로 구성되

어 있다. 셰우포바리(Sheupovari)로 알려진 큰 정사각형 탑이 있는 상부 요새는 잘 보존되어 있다. 둥근 탑이 있는 낮은 요새는 대부분 폐허가 되었다. 단지 내에는 다른 건물들 사이에 두 개의 교회가 있다. 오래된 성모 교회에는 아라그비 공후의 무덤이 있다. 새 성모교회 (Ghvtismshobeli)는 1689년 공후 바르짐이 아들을 위해 세운 것이다. 북쪽으로 난 입구와 남쪽 전면 벽에 새겨진 포도나무 십자가를 포함하여 화려한 외벽화로 장식되어 있으며 중앙에 돔이 솟아 있다.

● 즈바리 계곡(Jvari Pass)

해발 2,197미터의 즈바리 계곡은 구다우리(Gudauri) 마을에서 4킬로미터 떨어진 곳에 위치하며, 일명 "십자가 계곡(Pass of the Cross)"이라고 불렸는데, 다비트 대왕이 세운 십자가가 있었다고 한다. 현재 도로 오른쪽에 보이는 붉은 십자가 석상은 1824년 세워진 것이다. 이 지역에는 많은 광천 샘물이 있다. 이 지역은 카즈베기 국립공원의 보호구역으로 지정되어 있다.

● 스노 계곡(Sno Valley)

즈바리 계곡 남쪽에 위치한 스노 계곡은 카즈베기에서 남쪽으로 4킬로미터 떨어진 군사도로에 위치해 있다. 16세기에 세워진 스노 요새가 남아 있으며, 요새는 침입자가 접근하기 어렵게 돌이 많은 언덕 꼭대기에 세워졌고, 원형 벽으로 둘러싸여 요새 중앙에는 피라미드형의 타워가 있다. 요새는 케브수레티(Kevsureti), 프샤비(Pshavi), 므티울레티(Mtiuleti)로 통하는 경로가 난 협곡을 방어하는 역할을 했다. 이 지역은 전문산악인들이 등산하기에 좋은 지형을 이루고 있다.

● 카즈베기(Kazbegi)

스테판츠민다(Stepantzminda)라고 불리는 카즈베기 마을은 조지아 북동부 므츠케타–므티아네티(Mtskheta-Mtianeti) 지역에 있는 작은 마을이다. 18세기 말 러시아 점령에 협력한 알렉산더 카즈베기(Aleksander Kazbegi)의 이름을 땄다. 19세기 푸쉬킨을 비롯한 러시아 시인들은 카즈베기 봉을 소재로 유명한 시들을 남겼다.

　카즈베기 봉은 조지아에서 세 번 째로 높은 봉우리이며 (슈카라 봉과 장가 봉 다음), 코카서스 산맥에서 일곱 번째로 높은 정상이다. 화산이 만들어 낸 산으로는 옐브루스(Elbrus) 봉 다음으로 두 번째로 높다. 카즈베기 정상은 스테판츠민다 마을의 서쪽에 위치하고 있으며, 조지아어 이름 므킨바르츠베리(Mkinvartsveri)는 "빙하 봉우리(Glacier Peak)"로 번역된다.

- 게르게티 성삼위 성당(Gergeti Trinity Church) (일명 Tsminda Sameba Church)

게르게티 트리니티 성당은 카즈베기 중턱 2,170미터 높이에 있는 게르게티 마을에 위치하고 있다. 14세기에 지어진 게르게티 성당은 케비(Khevi) 지방에서 유일한 둥근 돔 양식의 교회이다.

18세기 조지아 작가 바쿠쉬티 바토니쉬빌리(Vakhushti Batonishvili)는 조지아가 위험한 시기에 성 니노의 십자가를 비롯한 므츠헤타의 귀중한 유물들을 이곳에 보관했다고 기록했다. 소련 시대 성당에서의 예배가 금지되었었고, 현재는 조지아의 유명한 관광 명소 중 하나가 되었고, 게르게티 마을에서 시작되는 약 10킬로미터의 등정로는 트래커들에게 인기 있는 코스이다.

- 투셰티(Tusheti)

투셰티는 조지아 북동부에 있는 역사적인 지역으로 현대 문명에 훼손되지 않은 아름다운 지역으로 스바네티와 마찬가지로 높은 경계 탑들이 솟아 있다. 산 너머에 사는 체첸인들이 침입하면 이 탑에 불을 켜서 적의 침입을 알렸다고 한다. 양 목축업이 주민들의 주 생활방식이다. 투셰티의 구다(Tushetian Guda) 치즈와 고품질 양모가 유명하여 외국에 수출되었다. 코카서스에서 가장 훼손되지 않은 지역 중 하나인 투셰티는 인기 있는 산악 트레킹 장소다. ✳

●카즈베기의 게르게티 성당 ┇ ◦투셰티 ┇

● 카케티 지방

● 카케티(Kakheti) 지방

1990년대에 조지아 동부 카케티의 역사적 지역과 투셰티의 산악 지역을 합쳐서 하나의 행정구역을 만들었다. 텔라비(Telavi)가 지방 행정수도이다. 이 지역은 언어적, 문화적 정체성이 강하고 주민들은 카케티 방언을 사용한다.

다비트 가레지(Davit Gareja) 수도원과 성 니노의 묘지 등 역사적 유물이 유명하고, 수백 종의 포도가 재배되고 있다. "카케티"라는 와인 브랜드로 유명한 이 지역 와인은 텔라비와 크바렐리에서 주로 생산된다. 9월 말, 10월의 포도 수확철이 되면 르트벨리(Rtveli)라고 불리는 포도수확 축제가 열린다. 이 지역의 주요 관광지로는 투셰티, 그레미(Gremi), 시그나기, 크베트라, 보드베, 라고데키 보호지역 및 알라베디 수도원 등을 꼽을 수 있다.

🖐 카케티 알라베르디 🇬🇪 🖐 시그나기 전경 🇬🇪

- 텔라비(Telavi)

카케티 지방의 행정수도인 텔라비는 알라자니(Alazani) 계곡에 위치해 있다. 남서쪽에 있는 해발 500~800미터의 곰보리(Gombori) 산맥에서는 코카서스 절경을 감상할 수 있다. 카케티 지방과 투셰티, 동부 지역 관광의 출발지이다.

- 시그나기(Sighnaghi)

조지아 가장 동쪽에 위치한 도시인 시그나기는 카케티 지방에서 가장 아름다운 지역이다. 시그나기란 명칭은 터키어의 "피난처(shelter)"에서 유래했다. 시그나기는 조지아에서 가장 작은 도시 중 하나이지만, 조지아 와인 재배 지역의 중심부에 위치하며 그림 같은 풍경과 파스텔색 주택, 자갈이 깔린 좁은 골목으로 인기 있는 관광지다. 가파른 언덕에 위치한 시그나기에서는 멀리 코카서스 산맥이 보이고, 광활한 알라자니 계곡을 내려다볼 수 있다.

시그나기와 그 주변은 여러 역사적, 문화적 기념물의 보고이며, 1975년부터는 보호구역으로 지정되었다. 도시는 18세기 요새의 잔해들로 둘러싸여 있다. 여기에 두 개의 조지아 정교회 성당이 있다. 하나는 성 게오르기 성당이고, 다른 하나는 성 스테판 성당이다.

시그나기, 보드베 수도원

시그나기에서 2킬로미터 북쪽에 위치한 보드베(Bodbe) 수도원은 성 니노의 묘지가 있어 많은 순례객들이 찾는다.

- 크바렐리(Kvareli)

크바렐리는 카케티 지방의 북동쪽에 있는 도시다. 코카서스 산맥의 산기슭 근처 알라자니 계곡에 위치한 크바렐리는 조지아 저명한 시인 일리아 차브차바제(Ilia Chavchavadze)의 출생지로, 그가 살던 집은

크바렐리의 와인 저장소

현재 지역 박물관으로 보존되어 있다. 차브차바제가 쓴 시 "크바렐리의 산들에게"(1857년)는 19세기 조지아의 대표적 시 중 하나이다.(〈코카서스 3국 문학 산책〉 131-2에 수록됨) 크바렐리는 카케티 와인 생산 지역의 중심에 있으며, 킨즈마라울리(Kindzmarauli) 와인 양조장과 저장소는 약 500미터에 이르고, 여기서 생산되는 세미스위트 레드 와인은 19세기부터 유명했다.

● 다비트 가레자(Davit Gareja)

수도 트빌리시에서 남동쪽으로
60~70킬로미터 떨어진 아제르바이
잔 접경 지역의 가레자 산의 반사막
암벽 경사면에 있는 조지아 정교회
수도원 단지이다. 이 단지는 수백

▸ 다비트 가레자 ✠

개의 성당, 식당, 수도사의 거처들이 바위를 파고 만들어졌다. 이 수
도원 단지는 6세기에 조지아에 들어온 13명의 아시리아 수도사 중 한
명인 다비트 가레젤레가 처음 만들었다. 이 단지의 일부는 아제르바
이잔 지역까지 이어져서 조지아와 아제르바이잔 사이의 국경 분쟁의
대상이 되기도 했다. 다비트의 제자인 도도(Dodo)와 루키아네(Luciane)
는 각각 수도원을 만들었고, 세 사람의 무덤은 대수도원(Lavra) 변용교
회에 있다. 12세기 초 조지아 왕 데메트레 1세(Demetre I)는 스스로 왕
위를 포기하고 이 지역으로 들어와 수도 생활을 했다. 현재 이 지역은
희귀 동물 보호지역으로 지정되어 있고, 고대 인류 거주지도 남아 있다.

● 삼츠케–자바케티(Samtskhe-Javakheti) 지방

삼츠케–자바케티는 경치가 아름다운 조지아 남부 지역으로, 메스케티
(Meskheti 또는 삼츠케), 자바케티, 토리(Tori) 등의 역사적인 조지아 지방

을 포함한다. 아칼치헤가 지방 수도이다. 카스피해에서 채굴된 원유를 흑해를 통해 터키로 운송하는 바쿠-트빌리시-세이한(Seyhan) 송유관, 사우스카프카스 천연가스관, 카르스-트빌리시-바쿠 철도가 이 지역을 통과한다.

● 보르조미(Borjomi)

보르조미는 이 지방의 휴양 도시로 보르조미-카라가울리 국립공원의 동쪽 가장자리에 있는 보르조미 협곡에 위치하고 있다. 광천수로 유명한 보르조미를 제정러시아 시대 코카서스 총독이었던 보론초프가 휴양지로 만들었으며, 러시아 황실 가족, 고리키, 차이콥스키 등 수많은 유명인사가 이곳을 찾았다. 보르조미 광천수는 현재 서울에서도 판매가 되고 있다. 보르조미-카라가울리 (Borjomi-Kharagauli) 국립공원과 인근의 바르지아(Vardzia) 계곡과 동굴 수도원도 유명한 관광지이다.

● 바쿠리아니(Bakuriani)

보르조미 지역의 바쿠리아니는 구다우리 스키장과 함께 조지아에서 가장 유명한 스키 리조트이다. 트리알레티 산맥 북쪽 경사면 해발 1,700미터의 고도에 위치해 있다. 현재의 거주 지역은 인근 무케라 화

바르지아의 동굴 🏳️ 　바쿠리아니 스키장 🏳️

산에서 흘러나온 용암으로 축조되었다. 바쿠리아니 리조트의 스키장은 디드벨리와 코크타 스키장 두 부분으로 나뉘는데, 2,700미터에 이르는 슬로프가 장관이다.

● 아할치케(Akhaltsikhe)

"새로운 성"을 뜻하는 아할치케는 삼츠케-자바케티 지방의 포츠코비(Potskhovi)강 양안에 위치한 작은 도시이다. 강 북쪽의 오래된 도시와 남쪽의 새로운 도시로 분리된다. 오래된 도시에는 구지역을 뜻하는 12세기에 만들어진 라바티(Rabati) 성과 성모 마리아 성당이 있고, 시나고그와 이슬람 사원도 있다. 도시 근처의 언덕에는 사파라 수도원이 자리 잡고 있다.

● 바르지아(Vardzia)

아스핀자(Aspindza)에서 30킬로미터 떨어진 므트크바리 강 왼쪽에 있는 에루셰티 산 경사면에서 발굴된 바르지아 동굴 수도원은 12세기 후반에 만들어졌다. 동굴은 절벽을 따라 500미터에 걸쳐 이어지며, 최대 19개 층으로 뻗어 있다. 1985년 이 유적지는 바르지아 역사-건축 박물관 보호지역으로 지정되었는데, 46개의 건축물, 12개의 고고학 유적지, 21개의 예술 유적이 포함되어 있다. ※

● 바르지아 동굴수도원

● 조지아 트빌리시 거리 카페

Georgia

조지아 관련 한국 TV 프로그램

방송국	TV 프로그램명	회차 및 방영일자
KBS I	걸어서 세계속으로	369회 (2013. 12. 07) 412회 (2014.11.08) 550회 [사랑과 평화 이야기, 조지아] (2018. 04. 21) 609회 [숨겨진 매혹의 땅 조지아] (2019. 7. 06.)
KBS I	트레킹노트 세상을 걷다	6회 (2017.07.18.)
SBS	생방송 투데이	2013회 코카서스의 숨은 보석 '조지아' (2017.12.14.)
SBS	일요특선 다큐멘터리	'천연 유황-광천수'가 있는 축복받은 땅 조지아 (70회, 2016. 05. 01)
MBC	오지의 마법사	1회 (2017. 07. 30) 2회 (2017. 08. 06) 3회 (2017. 08. 13) 4회 (2017. 08. 20) 5회 (2017. 08. 27)
EBS1	세계테마기행	카프카스의 영혼 (2009. 5. 17 - 20) 그루지야 1부: 신들의 산, 카프카스를 가다(2009. 05. 17) 그루지야 2부: 신들의 식탁 (2009. 05. 18) 그루지야 3부: 영혼의 길 그리고 전쟁과 평화 (2009. 05.19) 그루지야 4부: 흑해의 진주, 바투미 (2009. 05. 20) 유라시아의 숨겨진 보물 (2013. 5. 27 - 30) 조지아 1부: 잊혀진 중세의 노래 (2013. 05. 27) 조지아 2부: 신의 축복을 받은 사람들(2013. 05. 28) 조지아 3부: 뜨거운 도시, 트빌리시 (2013. 05. 29) 조지아 4부: 부활의 축제 (2013. 05. 30) 신세계의 발견 (2013. 10. 15 - 15) 흑해 2부: 신이 선택한 땅, 캅카스 (2013. 10. 15) 흑해 3부: 은둔의 땅, 압하지아 (2013. 10. 16) 낯선 매력 코카서스 5부작 (2019. 8. 26. - 8. 30) 4부: 달콤한 인생 조지아 (8. 29) 5부: 쉼터가 필요할 때 조지아 (8. 30)

조지아 관련 주요 web-site

| 공공기관 |

대통령실	https://www.president.gov.ge/
정부	http://gov.ge/
의회	http://parliament.ge/
외무부	http://www.mfa.gov.ge/
문화부	http://www.mes.gov.ge/
통계청	https://www.geostat.ge/ka
관광공사	https://gnta.ge/

| 언론 |

주요 신문 · 잡지	
Alia (Tbilisi)	http://alia.ge/
The Financial(Tbilisi), 주간 영자 신문	https://www.finchannel.com/
Georgia Today(Tbilisi), 격주간 영자 신문	http://georgiatoday.ge/
The Georgian Times(Tbilisi), 주간 영자 신문	http://www.geotimes.ge/
Kvilis Palitra	https://www.kvirispalitra.ge/
The Messenger	http://www.messenger.com.ge/

<TV> 공영방송	
First Channel (Georgian TV channel) (1TV)	https://1tv.ge/
Second Channel (Georgian TV channel) (2TV)	https://1tv.ge/
First Caucasian TV (Russian-language channel)	https://1tv.ge/

민영방송	
Mtavari TV	http://www.mtavari.tv/
1 TV	https://1tv.ge/
Imedi TV	http://www.imedi.ge/
Rustavi 2	http://rustavi2.ge/ka
TV 9	https://tv9news.ge/
Adjara TV	http://ajaratv.ge/

| 대학 |

Ivane Javakhishvili Tbilisi State University	https://www.tsu.ge/ge/
Ilia State University	https://iliauni.edu.ge/ge/
Georgian Technical University	http://gtu.ge/
Tbilisi State Medical University	http://new.tsmu.edu/
International Black Sea University	https://www.ibsu.edu.ge/ge/
Batumi Shota Rustaveli State University	https://www.bsu.edu.ge/
University of Georgia	https://www.ug.edu.ge/
Agricultural University of Georgia	http://agruni.edu.ge/ge
Caucasus University	https://www.cu.edu.ge/
Akaki Tsereteli State University Kutaisi	https://atsu.edu.ge/

| 공관 |

| 주한 조지아 대사관 | http://korea.mfa.gov.ge |
| 주 조지아 대한민국 대사관 트빌리시 분관 | http://overseas.mofa.go.kr/ |

| 기타 유용한 웹사이트 |

조지아 시사 뉴스	https://www.interpressnews.ge/
동영상으로 보여주는 뉴스, 연예, 스포츠 사이트	https://www.myvideo.ge/
전자 제품, 가구 등 쇼핑 사이트	https://www.mymarket.ge/
아파트, 주택, 상가, 호텔 등 렌탈 및 매매 사이트	https://www.myhome.ge/
자동차 및 부품 판매, 거래 사이트.	https://www.myauto.ge/
다양한 상업 광고 사이트	https://www.city24.ge/

조지아 역사 연표

연도	주요 사건
기원전 12세기	코카서스 남서부 지역에 원元조지아인 부족 형성 시작
기원전 7세기 후반	원조지아 부족들의 정치적 형성기
기원전 5-6세기	조지아어를 말하는 부족들 므트크바리 계곡에 정착하여 이베리아의 근간을 형성
기원전 4세기	전반. 페르시아인들 서부 조지아의 부족들에 대한 종주권 다시 확립
기원전 1세기 - 서기 2제기	로마 제국과 파르티아왕국 아르메니아와 조지아 놓고 투쟁
기원전 36년	로마의 마르쿠스 안토니우스 파르티아에 원정
4-8세기	콜키스-에그리시, 카르트벨리-이베리아, 부족, 족벌들이 이주하고 혼합
334년	카르트벨리-이베리아의 미리안왕 기독교 수용
447?-522년	조지아의 젊고 정력적인 왕 고르가살리 재위
640년	아랍인들 640년 아르메니아를 통과하여 645년 이베리아의 수도인 트빌리시를 점령
888년	칼리프 아다르나세 4세를 카르트리-이베리아의 왕으로 책봉하여 동부 조지아도 3세기 만에 왕위 복원
1008년	바그라트 3세 압하제티와 카르트리-이베리아 통일 왕국의 첫 왕(1008-1014년)이 됨
1089-1125년	'건설자' 다비트 2세 재위. 왕권 강화. 조지아 영토 크게 확장
1184-1212년	타마르 여왕 재위. 조지아의 중세 시기 절정에 다다름
1220년 - 1327년	몽골 지배
1366년	크림에서 발생하고 유럽으로 번진 흑사병이 조지아를 휩씀
1386년	티무르 조지아 침공. 티무르는 총 8번 조지아 침공함

연도	주요 사건
15세기 말	조지아는 3개의 왕조와 수많은 공후국으로 분열됨.
1555년	이란과 오스만제국 아마사 강화조약 맺고 조지아를 나누어 각각의 영향력 아래 둠.
1569년	사파비드왕조 카르틀리에 대한 지배권 확립. 조지아는 18세기까지 이란의 조공국
1589년	러시아 차르 표도르 카케티를 자신의 보호 아래 두겠다고 선언
1703년	바흐탕 6세 카르틀리 왕 즉위. 1708년 법전(daturlamani) 편찬 작업 완수
1766-1773년	러시아-오스만제국 전쟁, 1770년 아스삔자 전투
1783년	러시아 오스만 터키와 게오르기옙스크 조약을 체결. 카르틀리-카케티 차지
1784년	다랼 계곡(Daryal Pass)을 통하는 조지아 군사도로 완성.
1800년	러시아 차르 파벨 카르틀리-카케티의 러시아 병합 공식으로 선언
1802년	카케티 지역에서 귀족들이 주도한 반란 일어남. 1812-1813년에도 반란 발생
1819-1820년	이메레티에서 반란 발생
1826년	파쉬케비치 장군이 에르몰로프 후임으로 총독으로 임명됨
1845년	니콜라이 1세는 코카서스 총독으로 보론초프 임명. 1854년까지 총독으로 봉직
1856년	8월 짜르 알렉산드르 2세 바랴친스키 공을 코카서스 총독으로 임명
1863년	바랴친스키 후임으로 황제의 동생인 미하일 니콜라예비치 대공 총독으로 부임
1864년	알렉산드르 2세 조지아의 농노해방령에 서명

연도	주요 사건
1853년	잡지 '여명(Tsiskari)' 발행.
1854-1856년	크림 전쟁
1905년	보론초프-다쉬코프 코카서스 총독 취임
1914년 7월	1차 세계대전 발발
1918년 4월 22일	터키 군대의 압력을 받은 코카서스 의회 독립 선언. 트랜스코카서스 민주 연방공화국 출범
1918년	자바키쉬빌리 트빌리시대학 설립
1921년 2월 25일	멘셰비키파 트빌리시를 버리고 바투미로 철수.
1931년 11월 - 1938년 8월	베리아가 조지아 공산당 이끌어 나감
1953년 3월	스탈린 사망
1953년	흐루시초프 측근 므자바나제가 조지아 당 제1서기로 취임
1972년	므자바나제 해임되고 셰바르드나제가 조지아 당 제1서기에 오름
1985년	셰바르드나제 소련 외무장관으로 영전. 후임 조지아 당 제1서기로 파티아쉬빌리 취임
1990년 10월 28일	최고회의 선거에서 감사쿠르디아가 이끄는 '원탁회의'가 압도적 승리
1991년 4월	독립 국민투표에서 90% 찬성.
1991년 5월	86.5%의 압도적 지지로 감사후르지아 초대 대통령으로 선출
1992년 3월	셰바르드나제 국가평의회(State Council) 의장으로 임명
1992년 7월	압하지아의 독립 선언
1992년 10월	셰바르드나제 89%의 지지율로 대통령 당선
1995년 11월	셰바르드나제는 74%의 득표로 대통령 재선

연도	주요 사건
2003년 11월	셰바르드나제 대통령 사임
2004년 1월	대통령 선거에서 샤카쉬빌리 당선
2004년 3월 28일	총선 실시. 샤카쉬빌리 집권 여당 압승
2008년 1월 5일	샤카쉬빌리 53% 득표로 대통령 재선
2008년 8월 8일	조지아군 남오세티아 진공 작전 개시. 러시아군 조지아 진입
2008년 8월 16일	조지아와 러시아 휴전협정 서명
2012년 10월	총선에서 이바니쉬빌리가 이끄는 '조지아의 꿈' 연정 승리
2013년 10월	대통령 선거에서 이바니쉬빌리 측근인 마르그벨라쉬빌리 당선
2014년 7월	전 소련 외무장관이었고, 조지아 대통령 역임한 셰바르드나제 조지아에서 별세
2018년 12월	최초의 여성 대통령 살로메 주라비쉬빌리 대통령 취임

조지아어 알파벳

알파벳	명칭	음운	한국어 음운
ა	an (안)	a	ㅏ
ბ	ban (반)	b	ㅂ
გ	gan (간)	g	ㄱ
დ	don (돈)	d	ㄷ
ე	en (엔)	e	ㅔ
ვ	vin (빈)	v	ㅂ'
ზ	zen (젠)	z	ㅈ'
თ	than (탄)	t	ㅌ
ი	in (인)	i	ㅣ
კ	k'an (깐)	k'	ㄲ
ლ	las (라스)	l	ㄹ'
მ	man (만)	m	ㅁ
ნ	nar (나르)	n	ㄴ
ო	on (온)	o	ㅗ
პ	p'ar (빠르)	p'	ㅃ
ჟ	zhan (잔)	zh	ㅈ
რ	rae (라에)	r	ㄹ

알파벳	명칭	음운	한국어 음운
Ს	san (산)	s	ㅆ
Ⴒ	t'ar (따르)	t	ㄸ
Ⴓ	un (운)	u	ㅜ
Ⴔ	par (파르)	p	ㅍ
Ⴉ	kan (칸)	k	ㅋ
Ⴖ	ghan (간)	gh	ㄱ'
Ⴗ	q'ar (카르)	q'	ㅋ'
Ⴘ	shin (신)	sh	ㅅ
Ⴙ	chin (친)	ch	ㅊ
Ⴚ	tsan (찬)	ts	ㅊ'
Ⴛ	dzil (질)	dz	ㅈ'
Ⴜ	ts'il (찔)	ts'	ㅉ'
Ⴝ	tch'ar (짜르)	tch	ㅉ
Ⴆ	khan (칸)	kh	ㅋ'
Ⴟ	djan (잔)	j	ㅈ
Ⴠ	hae (하에)	h	ㅎ

조지아어 기본 표현 및 어휘

| 기본 표현 |

네.	კი / დიახ. 끼 / 디아흐
응.	ჰო. 호
아니요.	არა. 아라.
아이, 어린이	ბავშვი 바브쉬
성인, 어른	მოწიფული, ზრდასრული 모찌풀리, 즈르다스룰리
여권	პასპორტი 빠스뽀르띠
왼쪽	მარცხნივ 마르츠크니브
오른쪽	მარჯვნივ 마르즈브니브
여기	აქ 아크
저기	იქ 이크

시작	დაწყება, დასაწყისი	
	다쯔케바, 다사쯔키시	
끝	დასრულება, დასასრული	
	다스룰레바, 다사스룰리	
봄	გაზაფხული	
	가자프훌리	
여름	ზაფხული	
	자프훌리	
가을	შემოდგომა	
	세모드고마	
겨울	ზამთარი	
	잠타리	
지금	ახლა	
	아클라	
앞으로	მომავალში	
	모마발시	
어제	გუშინ	
	구신	
오늘	დღეს	
	드게스	
내일	ხვალ	
	크발	
매일	ყოველ დღე	
	코벨 드게	

매주	**ყოველ კვირა** 코벨 끄비라
즉시	**სასწრაფოდ, ეგრევე, ახლავე** 사스쯔라포드, 에그레베, 아클라베
곧	**ეგრევე, უმალ, მაშინვე** 에그레베, 우말, 마신베
천천히	**ნელა** 넬라
빠르게	**სწრაფად** 스쯔라파드

| 조지아 수사 |

1	**ერთი** (erti) 에르티
2	**ორი** (ori) 오리
3	**სამი** (sami) 사미
4	**ოთხი** (otkhi) 오트키
5	**ხუთი** (khuti) 쿠티
6	**ექვსი** (ekvsi) 에크브시

7	შვიდი (shvidi) 쉬비디	
8	რვა (rva) 르바	
9	ცხრა (tskhra) 츠크라	
10	ათი (ati) 아티	
20	ოცი (otsi) 오치	
50	ორმოცდაათი (ormotsdaati) 오르모츠다아티	
100	ასი (asi) 아시	
200	ორასი (orasi) 오라시	
500	ხუთასი (khutasi) 쿠타시	
1000	ათასი (atasi) 아타시	
10000	ათი ათასი (ati atasi) 아티 아타시	
1000000	მილიონი (milioni) 밀리오니	

지나가겠습니다.

გამატარეთ.
가마따레트

말해주겠습니까?

ხომ ვერ მეტყვით?
홈 베르 메뜨크비트?

쓰세요.

დაწერეთ.
다쩨레트

따라하세요.

გაიმეორეთ.
가이메오레트

이해가 안되요 /
모르겠어요.

არ მესმის.
아르 메스미스

도와주세요!

დამეხმარეთ!
다메크마레트!

위험합니다.

საშიშია.
사시시아

조심하세요!

ფრთხილად!
프르트킬라드!

한국말로
말할 줄 알아요?

კორეულად ლაპარაკობთ?
꼬레울라드 라빠라꼽트?

방해하지 마세요.

ნუ შემაწუხებთ.

깨워주세요.

გამაღვიძეთ.
가마그비제트

도로	გზა. 그자
교차로	გზაჯვარედინი. 그자즈바레디니
멈춰!	სდექ! შეჩერდი! 스데크! 셰체르디!
통행금지!	გავლა აკრძალულია! 가블라 아끄르잘룰리아!
벌금	ჯარიმა. 자리마
주의, 주목	ყურადღება. 쿠라드게바
입구	შესასვლელი. 셰사스블렐리
출구	გამოსასვლელი. 가모사스블렐리
닫음	დაკეტილია. 다께띨리아
열려 있음	ღიაა. 기아아

일요일	კვირა
	끄비라
월요일	ორშაბათი
	오르샤바티
화요일	სამშაბათი
	삼샤바티
수요일	ოთხშაბათი
	오트크샤바티
목요일	ხუთშაბათი
	쿠트샤바티
금요일	პარასკევი
	빠라스께비
토요일	შაბათი
	샤바티

1월	იანვარი
	이안와리
2월	თებერვალი
	테베르왈리
3월	მარტი
	마르띠
4월	აპრილი
	아쁘릴리

5월	მაისი
	마이시
6월	ივნისი
	이브니시
7월	ივლისი
	이블리시
8월	აგვისტო
	아그위스또
9월	სექტემბერი
	세크뗌베리
10월	ოქტომბერი
	오크똠베리
11월	ნოემბერი
	노엠베리
12월	დეკემბერი
	데껨베리

동쪽	აღმოსავლეთი
	아그모사블레티
서쪽	დასავლეთი
	다사블레티
북쪽	ჩრდილოეთი
	츠르딜로에티

남쪽	სამხრეთი
	삼크레티

흰색	თეთრი
	테트리
검정색	შავი
	샤위
빨간색	წითელი
	찌텔리
하늘색	ცისფერი
	치스페리
노란색	ყვითელი
	크비텔리
녹색	მწვანე
	므쯔와네

| 주요 국가 |

한국	კორეა
	꼬레아
러시아	რუსეთი
	루세티

중국	ჩინეთი
	치네티
일본	იაპონია
	이아쁘니아
미국	ამერიკა
	아메리까
아르메니아	სომხეთი
	솜케티
아제르바이잔	აზერბაიჯანი
	아제르바이자니
우크라이나	უკრაინა
	우끄라이나
이란	ირანი
	이라니
터키	თურქეთი
	투르케티
영국	ინგლისი
	인글리시
프랑스	საფრანგეთი
	사프란게티
독일	გერმანია
	게르마니아

조지아어 기초 회화

| 인사말 |

안녕!	გამარჯობა! 가마르조바!
안녕하세요? (친근한사이)	როგორ ხარ? 로고르 카르?
안녕하세요? (격식을 차린 인사말)	როგორ ბრძანდებით? 로고르 브르잔데비트?
안녕하세요? (처음 만나는 사이)	გამარჯობა 가마르조바.
만나서 반갑습니다.	სასიამოვნოა თქვენი გაცნობა. 사시아모브노아 트크베니 가츠노바.
어떻게 지내세요?	როგორ ხარ? 로고르 카르?
요즘 어떠세요?	რას შვრები? 라스 스브레비?
건강은 어떠세요?	ხომ ხარ ჯანმრთელად? (თავს როგორ გრძნობ?) 콤 카르 잔므르텔라드? (타브스 로고르 그르즈노브?)

좋은 아침입니다.	დილა მშვიდობისა! 딜라 므쉬도비사!
좋은날입니다.	დღე მშვიდობისა! 드게 므쉬도비사!
좋은 오후입니다.	შუადღე მშვიდობისა! 슈아드게 므쉬도비사!
좋은 저녁입니다.	საღამო მშვიდობისა! 사가모 므쉬도비사!
편한 밤 보내세요.	სასიამოვნო საღამოს გისურვებთ! 사시아모브노 사가모스 기수르웨브트!
안녕히 가십시오.	კარგად ბრძანდებოდეთ! 까르가드 브르잔데보데트!
안녕!(작별인사)	ნახვამდის! 나크밤디스!
또 만납시다.	შეხვედრამდე! 쉐크베드람데!
만나서 반가웠습니다.	სასიამოვნო იყო თქვენი გაცნობა. 사시아모브노 이코 트크베니 가츠노바.

| 감사 표현 |

감사합니다. (일반적 표현)	მადლობა! 마들로바.
감사합니다. (공손한 표현)	გმადლობთ! 그마들로브트!
대단히 감사합니다.	დიდი მადლობა! 디디 마들로바!
고마워.(친근한 사이)	გმადლობ. / მადლობა. 그마들로브 / 마들로바.
천만에요.(공손한 표현)	არაფრის. 아라프리스.
천만에. 괜찮아 (친근한 사이)	არაუშავს 아라프리스.
실례합니다. (일반적 표현)	უკაცრავად. / მაპატიეთ. 우까츠라바드, 마빠띠에트.
미안합니다(죄송합니다). (일반적 표현)	მაპატიეთ. 마빠띠에트
대단히 미안합니다 (죄송합니다).	დიდი ბოდიში. / ძალიან ვწუხვარ. 디디 보디시. 잘리안 브쭈크바르
사과드립니다.	ბოდიშს გიხდით. 보디쉬스 기크디트.

내 이름은 ○○○입니다.	ჩემი სახელია ○○. 체미 사켈리아 ○○.
내 성은 ○○이고, 이름은 ○○입니다.	ჩემი გვარია ○○. ჩემი სახელია ○○. 체미 과리아 ○○, 체미 사켈리아 ○○.
나는 한국에서 왔습니다.	მე კორეიდან ვარ. 메 꼬레이단 와르
나는 관광객입니다.	მე ტურისტი ვარ 메 뚜리스띠 와르
나는 비즈니스맨입니다.	მე ბიზნესმენი ვარ. 메 비즈네스메니 와르.
당신의 이름은 어떻게 되는지요?	რა გქვია? 라 그크비아?
당신의 직업은 무엇입니까?	სად მუშაობ? 사드 무샤어브?
당신은 조지아 어느 지역 출신인지요?	საქართველოს რომელი კუთხიდან ხარ? 사카르트벨로스 로멜리 꾸트키단 카르?

버스정류장은
어디에 있지요?

ავტობუსის გაჩერება სად არის?

아브또부시스 가체레바 사드 아리스?

택시정류장은
어디에 있지요?

ტაქსის გაჩერება სად არის?

따크시스 가체레바 사드 아리스?

매표소는 어디에
있지요?

სალარო სად არის?

살라로 사드 아리스?

시내까지
어떻게 가나요?

როგორ მოვხვდები ქალაქის
ცენტრში?

로고르 모브크브데비 칼라키스 첸뜨르시?

○○시까지 어떻게
가나요?

○○ქალაქში როგორ წავიდე?

○ ○칼라크시 로고르 짜위데?

○○마을까지 어떻게
가나요?

○○სოფელში როგორ წავიდე?

○ ○소펠시 로고르 짜위데?

○○호텔까지
어떻게 가나요?

○○ სასტუმროში როგორ წავიდე?

○ ○사스뚬로시 로고르 짜위데?

여기서 가까운가요?

აქედან ახლოსაა?

아케단 아클로사아?

여기서 먼가요?

აქედან შორსაა?

아케단 쇼르사아?

나는 ○○를 찾고
있습니다.

მე ○○ ვეძებ.

메 ○ ○ 웨제브.

| 이 거리(마을)의
이름은 무엇인가요? | ამ ქუჩას რა ჰქვია?
암 쿠차스 라 흐크비아? |
| 죄송합니다만,
○○로 가는 길을 가르
쳐 주실 수 있는지요? | მაპატიეთ, შეგიძლიათ
მასწავლოთ ○○კენ მიმავალი გზა?
마빠띠에트, 세기즐리아트 마스짜블로트 ○○껜 미마발리 그자? |

| 택시 |

나는 ○○로 가고 싶습니다.	მე მინდა წავიდე ○○მდე. 메 민다 짜위데 ○○므데.
요금은 얼마이지요? (택시 타기 전)	რა ღირს? 라 기르스?
여기 세워주세요.	გთხოვთ, აქ გააჩერეთ. 그트코브트, 아크 가아체레트.

| 관광 |

| 관광 안내소가
어디인가요? | სად არის ტურისტული
საინფორმაციო ცენტრი?
사드 아리스 뚜리스뚤리 사인포르마치오 첸뜨리? |
| 나는 관광을
가고 싶습니다. | ღირსშესანიშნაობების
დასათვალიერებლად მინდა
წასვლა.
기르스세사니스나오베비스 다사트바리엘레블라드 민다 짜스
블라. |

관광 가이드를 소개해 주십시오.	გთხოვთ, გიდი გამაცნოთ. 그트코브트, 기디 가마츠노트.
영어 관광 가이드를 소개해 주십시오.	გთხოვთ, ინგლისურენოვანი გიდი გამაცნოთ. 그트코브트, 인글리수르에노바니 기디 가마츠노트.
○○성당이 어디 있나요?	○○ტაძარი სად არის? ㅇㅇ따자리 사드 아리스?
○○박물관이 어디 있나요?	○○მუზეუმი სად არის? ㅇㅇ무제우미 사드 아리스?
입장료는 얼마인가요?	რა ღირს შესვლა? 라 기르스 셰스블라?
이곳은 몇 시까지 문을 여나요?	ეს ადგილი რომელ საათამდეა ღია? 에스 아드길리 로멜 사아탐데아 기아?
내 사진 좀 찍어주시겠습니까?	შეგიძლიათ სურათი გადამიღოთ? 셰기즐리아트 수라티 가다미고트?
기념품 가게는 어디에 있나요?	სად არის სუვენირების მაღაზია? 사드 아리스 수웨니레비스 마가지아?
골동품 가게는 어디에 있나요?	სად არის ანტიკვარიატის მაღაზია? 사드 아리스 안띠콰리아띠스 마가지아?
그림은 어디에서 살 수 있나요?	სად შეიძლება ნახატების ყიდვა? 사드 셰이즐레바 나카떼비스 키드바?

방을 하나 예약하고
싶습니다.

ოთახის დაჯავშნა მინდა.
오타키스 다잡슈나 민다.

신용카드를 받나요?

საკრედიტო ბარათით გადახდა
შესაძლებელია?
사크레디또 바라티트 가다크다 세사즐레벨리아?

방을 볼 수 있을지요?

შეიძლება ოთახი ვნახო?
셰이즐레바 오타키 브나코?

방 번호가 어떻게
되나요?

ოთახი რა ნომერია?
오타키 라 노메리아?

아침이 포함되어
있나요?

საუზმე შედის?
사우즈메 셰디스?

하루에 방 값이
얼마인가요?

რა ღირს ოთახი ერთი დღით?
라 기르스 오타키 에르티 드기트?

| 인터넷 |

방에는 wifi가 되나요?

ოთახში უკაბელო ინტერნეტი
არის?
오타크시 우까벨로 인떼르네띠 아리스?

여기 파롤과 비밀 번호
는 어떻게 되나요?

მითხარით აიდი და პაროლი.
미트카리트 아이디 다 빠롤리.

나는 이메일을 보내고
싶습니다.

ელექტრონული ფოსტის
გაგზავნა მინდა.
엘레크뜨로눌리 포스띠스 가그자브나 민다.

인터넷 카페가 어디 있나요?	**სად მდებარეობს ინტერნეტ კაფე?**
	사드 므데바레오브스 인떼르네뜨 까페?

| 가정 방문 |

초대해 주셔서 감사합니다.	**მადლობა დაპატიჟებისათვის.**
	마들로바 다빠띠제비사트비스

집이 아름답습니다.	**ლამაზი სახლი გაქვთ.**
	라마지 사클리 가크브트.

가족이 모두 몇 명인가요?	**ოჯახში სულ რამდენი წევრია?**
	오자크시 술 람데니 쩨브리아?

저희는 작은 선물을 가져왔습니다.	**მცირე საჩუქარი მოგიტანეთ.**
	므치레 사추카리 모기따네트.

꽃을 선물해드리고 싶습니다.	**ყვავილები მინდა გაჩუქოთ.**
	크바빌레비 민다 가추코트.

음식이 모두 아주 맛있습니다.	**ყველა კერძი ძალიან გემრიელია.**
	크벨라 께르지 잘리안 겜리엘리아.

음식을 참 잘 하십니다.	**ძალიან გემრიელ კერძებს ამზადებთ.**
	잘리안 겜리엘 께르즈엡스 암자뎀트.

저는 술을 마시지 못합니다.	**ალკოჰოლს ვერ ვსვამ.**
	알코홀스 베르 브스밤.

메뉴를 보여주십시오.

მენიუ თუ შეიძლება.

메이우 투 셰이즐레바.

영어로 된 메뉴가
있나요?

გაქვთ მენიუ ინგლისურ ენაზე?

가크브트 메이우 인글리수르 에나제?

좋은 음식을
추천해주세요.

გთხოვთ, მირჩიეთ გემრიელი
კერძი.

그트코브트, 미르치에트 겜리엘리 께르지.

이(저) 음식은
무엇인가요?

ეს (ის) რა კერძია?

에스 (이스) 라 께르지아?

보르조미를 마시고
싶습니다.

ბორჯომი მინდა დავლიო.

보르조미 민다 다블리오.

나는 ○○를 먹고
싶습니다.

○○მინდა ვჭამო.

○ ○민다 브짜모.

나는 이 음식을
좋아합니다.

ეს კერძი მიყვარს.

에스 께르지 미크바르스.

음식이 아주
맛있습니다.

ძალიან გემრიელი კერძია.

잘리안 게므리엘리 께르지아.

계산서를 가져오세요.

გთხოვთ, ანგარიში მომიტანეთ.

그트코브트, 안가리시 모미따네트.

나는 ○○를 사고
싶습니다.

მინდა ○○ ვიყიდო.

민다 ○○ 비키도.

어디에서 ○○을
살 수 있습니까?

სად შეიძლება ○○ ყიდვა?

사드 셰이즐레바 ○○ 키드바?

근처에 시장이 있나요?

მახლობლად ბაზარი არის?

마클로블라드 바자리 아리스?

여기서 ○○를 파나요?

აქ ○○ყიდით?

아크 ○○키디트?

○○를 보여주세요.

○○მაჩვენეთ.

○○마츠벤네트.

이것은 얼마지요?

ეს რა ღირს?

에스 라 기르스?

너무 비쌉니다.

ძალიან ძვირია.

잘리안 즈비리아.

좀 깎아줄 수 있나요?

შეგიძლიათ ცოტა დამიკლოთ?

세기즐리아트 초따 다미끌로트?

이것을 사겠습니다.

ამას ვიყიდი.

아마스 비키디.

신용카드를 받나요?

საკრედიტო ბარათს იღებთ?

사끄레디또 바라트스 이게브트?

달러(유로)를 받나요?

დოლარს (ევროს) იღებთ?

돌라르스 (에브로스) 이게브트?

| 공연 |

매표소는 어디인가요?

სად არის სალარო?

사드 아리스 살라로?

공연은 몇 시에
시작하나요?

რომელ საათზე იწყება
წარმოდგენა?

로멜 사아트제 이쯔케바 짜르모드게나?

| 병원과 약국 |

가까운 곳에 병원이
있나요?

უახლოესი საავადმყოფო სად
არის?

우아클로에시 사아바드므코포 사드 아리스?

가까운 곳에 약국이
있나요?

უახლოესი აფთიაქი სად არის?

우아클로에시 아프티아키 사드 아리스?

의사를 불러주세요.

ექიმს გამოუძახეთ.

에킴스 가모우자케트.

| 날씨 |

오늘 날씨가 어떨까요?

დღეს როგორი ამინდი იქნება?

드게스 로고리 아민디 이크네바?

| 참고 문헌 |

Aramia, Natia, *Georgia(Culture Smart series)* (London: Kuperard, 2012)

Rosen, Roger, *Georgia: A Sovereign Country of the Caucasus* (New York: Odyssey, 2004) (인용부분에 Georgia2로 표기됨)

Steinbeck, John, *A Russian Journal* (New York: Penguin Books, 1999, 초판 1948)

Tsereteli, Z., Tsagareishvili, T., *Georgia: Traditions, Beliefs and Arts* (Tbilisi, 2010)

윤창용, 〈코카서스 3국 들여다보기〉 (한국외대출판문화원, 2019)

플로히, 세르히, 〈얄타: 8일간의 외교 전쟁〉, 허승철 역 (역사비평사, 2020)

허승철, 〈조지아의 역사〉 (문예림, 2016)

허승철, 〈코카서스 3국 문학 산책: 조지아, 아제르바이잔, 아르메니아 대표 시와 러시아 문학〉 (문예림, 2018)

허승철, 피르츠칼라바, 〈조지아어 기초회화〉 (문예림, 2019)

허승철, 〈코카서스 3국의 역사와 문화〉 (고려대학교 출판문화원, 2016)